U0863171

父母教练 | Parenting
推动摇篮的手推动世界

CONTENTS 目录

3 EMOTION 关于宝宝的情绪发展

4 COGNITION 关于宝宝的认知发展

5 MEMO 特别篇：父母角色定位

6 SUBJOIN 宝宝的成长记录

育儿之路的美好开始

文 何琦瑜

家有学前儿，是最沉重也是最甜蜜的负担。在这个阶段，孩子对父母在生活照顾与教养上的依附性最高。宝宝的沟通与表达能力还不成熟，他们多数时候如同天使般纯真可爱，但蛮横起来又如魔鬼般操磨着父母的意志，既无法对他“动之以情”，更无法“说之以理”。面对孩子不刷牙、不吃饭、不睡觉、任意哭闹……看似如此“微小”的困难，却常让新手父母感到困惑无助。

《亲子天下》杂志从2009年开始，特别针对0～6岁学前幼儿的父母，出版“宝宝专刊”，提供有系统而实用的教养信息。从“宝宝的脑”、“宝宝的关键第一次”，乃至学习、认知与情绪的发展等，每一本都受到家长读者极大的好评。为了进一步响应读者需求，《亲子天下》于2013年，将不定期出刊的“宝宝专刊”，改为可定期订阅的《亲子天下Baby季刊》，希望提供给新手父母稳定的知识养分。我们也将专刊内受欢迎的内容，统整成书，陆续出版为“新手父母一本通”系列丛书。

近十年来，大脑研究被快速、大量、广泛地运用（或错用）在教育上，开启了整个社会对“早期教育”的认知。正向的影响是，科学的进展让我们更有凭有据地明白，0~6岁宝宝不是“一张白纸”，更非“一无所知”。宝宝很早就开始沟通与思考，在他还不会说话的时候，就进行着不可思议的学习历程。所以国际上重视教育的国家，有了“从零岁开始”的阅读运动，重金投资学前教育与家庭教育，让孩子不要错过入学前的成长关键期。

但错用脑科学，激化“赢在起跑点”的迷思，也让“早期教育”很容易衍生为揠苗助长。近几年来，疯狂的闪字卡、莫扎特胎教音乐、数十万的全脑开发课程、双语托儿所……无不激烈反映着父母在这一波“疯大脑”潮流中，不敢落人后的焦虑。于是，一方面，我们看见配备不足的新手父母，对于宝宝的教养观，还停留在十年前“养”大于“教”的直觉。以为婴幼儿期要处理的多半是“生理性”问题，宝宝们既不会讲话又不会认字，还谈不到“教育”，只要有人照顾吃饱喝足即可。

另一方面，又有一群太过“积极”的父母，太早开始自以为是的“教育”，忽略了儿童阶段性、适龄适性的能力发展重点，于是早早的要孩子学识字、认英文，揠苗助长地“教”错了方向。

我常感觉当代的父母很像“父子骑驴”的寓言故事：这样不对，那样又不好，怎么做才能掌握“中道”？

孩子的成长，不是“小猪变大猪”直线式的发展，而是“毛毛虫变蝴蝶”、“蝌蚪变青蛙”式的“蜕变”。是根本的质的改变。所以学前幼儿的教养或教育，也不应该是用“给大人的内容打折变少”，来“喂养”小小孩。

如何给初生宝宝“刚刚好的养分”，让孩子像健康的植物一样，在足够的“阳光、空气、水分”中成长？如何提供适切的早期教育，而非揠苗助长？这本书就是希望带给家长“不必焦虑”的知识后援和实用法则。帮助新手父母轻松掌握0~6岁宝宝身体、心理、情绪、认知等各方面发展历程，减少错误尝试，快速掌握“刚刚好”的杠杆点。唯有透过更完整的理解，才能对孩子有合理的期待、适度的管教；也才能真正解除家长的焦虑，给孩子最适合的陪伴与响应。

我们希望，透过这本书的出版，帮助每一位家有学前幼儿的爸爸妈妈，在育儿之路上有个美好的开始。

CONCEPT 1

基础观念篇

CONCEPT

1

发现摇篮里的科学家

解读婴儿八个不可思议

文 陈念怡

婴儿一生下来，除了嗷嗷待哺外，什么都不会？错了，近来脑科学和发展心理学不断推翻“初生儿是一张白纸”的理论，证明：看似柔弱无助的小人儿，不但能思考、推理、认知和学习，还可辨认外在刺激的细微差异，俨然是个小小科学家！

然而，大人免不了要问：那小小脑袋究竟知道些什么？又是怎么办到的？

为了适应眼前的环境，婴儿有如海绵般吸收讯息、内化学习，努力建构一套了解世界如何运作的概念。后天的探索固然重要，但更具意义的是，婴儿身怀了许多与生俱来的“绝技”，连大人都不禁啧啧称奇。这些绝技包括：

1 刚出生就会模仿大人的表情

婴儿天生爱学样，刚出生的小宝宝竟能模仿大人吐舌头、动眉毛，这需要视觉和肌肉运动彼此的准确配合！模仿是最原始的学习，是启动语言和身体发展的第一步。婴儿透过大脑镜像神经元的本能反应，不断进行模仿观察，也加速了和他人的沟通互动。

2 刚出生就能一眼认出母亲

婴儿具有超乎常人的观察力。初生儿即便视力只有0.02，却能在出生几小时内，从众多女性当中，迅速辨认出母亲的脸。英国雪菲尔大学一项实验更发现，六个月大的婴儿，可轻易察觉不同猿猴的细微五官差异，这连大人也办不到！不过，当婴儿九个月后，这种惊人辨识力将逐渐减退。

3 宝宝用嘴巴判断形状

嘴巴是婴儿最灵敏的触觉感官。由于婴儿控制手部动作的神经回路尚未发达，早期学习多是透过嘴巴的触觉经验，展开对周遭事物的探察。在著名的奶嘴实验中，研究人员让一个月大的宝宝吸吮安抚奶嘴，一种表面光滑，一种表面有小颗粒，宝宝看不到奶嘴形状，只能凭嘴巴去感觉。之后，研究人员拿出两种奶嘴供宝宝分辨，婴儿会对刚吸吮过的那款奶嘴看得比较久。显然，宝宝可借由奶嘴在口中的触觉感受，判断出物体的外形样貌。

4 五个月大就有加减概念

研究发现，五个月大的婴儿已有数字加减的概念，也会意识到数量的改变。其中一项实验是，婴儿看着一只玩偶被放到布幕后方，接着实验人员拿出另一只玩偶，同样放到布幕后方。如果布幕拉开，玩偶数目并非预期中的两只时，婴儿会面露狐疑表情，盯着数量不符的玩偶猛看。另一个玩偶掉落地面的实验，也得到类似的结果：如果“咚”的掉落声，和实际掉落的玩偶数量不符时，婴儿也会纳闷地看着玩偶，这种数字的敏感度，可说是日后数学理解力的基础。

5 宝宝出生就有同理心

纽约大学心理学教授马丁·霍夫曼（Martin Hoffman）指出，婴儿一出生就具同理能力。当婴儿听到别的宝宝哭泣的录音声，就会跟着哭起来；反观，如果播放的是自己的哭泣声时，婴儿多半不会有所反应。此外，七个月大的婴儿，就可辨认人类声音中的情绪起伏，既能感知周遭人的快乐或悲伤的情绪，也易受到他人情绪的感染。一旦对方面露悲伤表情，婴儿也会出现撇嘴等表情；如果见到对方开心，也会不禁咧嘴而笑。有趣的是，一岁多的婴儿还能主动运用同理心解决问题，例如：主动伸出手，安慰身旁哭泣的同伴。

6 刚出生就能区分母语和外语

如果没听见声音，你能分辨对方跟你说的话是母语还是外语吗？也许你现在做不到，但在你六个月大的时候却办得到！宝宝对语言的音素极为敏感，生来就有分辨音素的能力，可区分母语和外语的不同。例如，多数日本人都无法分辨“R”和“L”在音素上的差异，但是日本婴儿却可以！研究也发现，六个月的宝宝光凭天生的读唇能力，就可准确把说话者的发音嘴形和实际声音做配对：当听到“啊”声，宝宝会看着张大嘴巴的那张脸；听到“咿”声，则转头看着嘴角拉成一直线的脸孔。不过，当婴儿九个月大时，大脑语言功能开始专精化，对母语的敏感度渐增，全面的音素敏锐度也就逐渐丧失。

7 三个月大就会推理

未满四个月的婴儿已是个小小推理家，不但能理解因果关系，也熟悉惯性法则。实验发现，当婴儿看到积木违反重力原则，悬在半空中，会面露惊讶表情，也看得比较久。反之，当积木被放置在地上，婴儿则一点儿也不感意外。此外，三个月大的宝宝也明白自己具有影响事物的力量：如果将缎带一端绑在宝宝的腿上，缎带另一端绑上气球，宝宝很快就能学会：只要他一蹬腿，气球也跟着飘动。一周后，当他再见到同一颗气球，就会立即蹬腿，企图启动“因果律”。到了九个月大，婴儿更能根据过去玩过的物品外形，将周遭事物进行分类和归纳，以触类旁通的方式认知这个世界。

8 宝宝看得出谁是好人，谁是坏人

耶鲁大学心理学教授保罗·布鲁姆（Paul Bloom）指出，区分善恶似乎是婴儿与生俱来的惊异本能。实验发现，宝宝六个月大时，还无法用言语表达自我，却能做出“喜善厌恶”的反应。当婴儿观看几何图形组成的动画片时，片中一个“红圆形”想爬上山丘，一个“黄正方形”过来协助它上山，另一个“绿三角形”则企图拉它下山。事后，有超过五分之四的婴儿，都一面倒选择好人（“黄正方形”），回避坏人（“绿三角形”）。

CONCEPT

1

解读宝宝的四个为什么

文 陈念怡

刚出生的宝宝清楚自己需要了解什么，在接下来的成长历程中，宝宝还会不断透过和他人的互动，重组并修正既有的认知，其间最需要父母充满关爱的响应。根据美国一项婴幼儿发展的调查，父母对于婴儿行为的敏感度愈高，孩子未来的语言发展和认知能力也愈好。对许多新手爸妈而言，他们明白响应孩子的重要性，但眼前这个“宇宙间最佳的学习者”却常出现许多行为，让他们不知如何是好。

日本御茶水大学儿童发展教育研究中心教授榊原洋一解释，其实婴儿一举一动，都隐含生理发展的意义和需求。只要父母尝试理解宝宝借由表情、声音和动作所发出的各种讯息，并给予积极的响应，就能为幼儿大脑发展奠下良好的基础。

1 为什么宝宝常自言自语？

●**原因：**婴儿满两个月会开始尝试“咿啊”发声，练习控制身体的发声器官，并学习辨识自己的声音，是学说话的暖身练习。

●**爸妈可以这样做：**实验发现，当婴儿尝试发声时，如果父母用“怎么了？”“你想说话吗？”等话语给予回应，宝宝的发声兴致就越高昂，发声时间也越长。当宝宝努力发声时，爸妈适时的微笑和拥抱，就是最好的语言催化剂。

2 为什么宝宝老是吮吸手指，要禁止吗？

●**原因：**婴儿是经由吮吸动作，意识到自己身体的存在，之后才用手和其他感觉器官认识周遭的事物。从一开始吮吸整只手，到钟爱大拇指，可当做宝宝的生理发展指标。在支配身体的过程中，也促进了大脑、手眼间的协调能力。

●**爸妈可以这样做：**宝宝吃手指或啃咬一切拿得到的东西，是他对世界的最初探索，暂时无须理会。等宝宝七八个月大，抑制能力逐渐成熟，爸妈可提供咀嚼机会，转移他对吮吸的需求。

3 为什么宝宝常目不转睛，盯着某样东西看？

●**原因：**新生儿视觉发展尚未成熟，经常出现“强制观看”行为：一旦受到事物吸引，就会盯着猛看。不管是抱他的人、天花板电灯，还是电视画面，有时一看就是三十分钟，即使婴儿不想看也无法自拔。一直要等到宝宝四个月大，这种现象才能获得改善。

●**爸妈可以这样做：**针对反射本能强烈的新生儿，爸妈可借由四目对望，让宝宝从互相注视中感受你的关爱之情，建立亲密的亲子关系。或者运用色彩鲜艳的物品，和宝宝玩视觉追踪的游戏，帮助他逐渐扩大视野。

4 为什么宝宝经常指着某样东西“咿啊”叫着，要如何回应他？

●**原因：**当宝宝对事物感兴趣而伸出手，是手脑协调的一大进展。还无法用言语表达需求的宝宝，也最常用手部动作，表达自己的“想要”、“想知道”。

●**爸妈可以这样做：**婴儿咿呀学语时，格外需要大人及时的响应。当婴儿“咿啊”地对着某样东西伸出手时，可以问他：“想要这个吗？”当他外出散步，用手指着路边的狗时，可以顺势响应他：“这是狗。”只要“指物命名”的时机掌握得宜，宝宝就会自然而然把字音和物体的概念串联在一起。

CONCEPT 1

认识宝宝的五感发展

汇整 李岳霞

新生儿从一出生，就开始像海绵一样，努力吸收养分，慢慢成长。你知道吗？两星期大的宝宝，就已经可以听出自己的母语；两星期大的宝宝，靠着迷蒙的双眼，就可以认得爸妈的面孔；0 ~ 4星期大的宝宝，已经开始用气味认得妈妈了；更令人惊讶的是，两个月大的宝宝，就知道自己有“影响力”，自己一哭，就有人会出现；也别小看六个月大的宝宝，他们喜欢跟自己“说话”，咿咿呀呀的；一岁半的宝宝，会踢球、倒退走，很厉害吧！接下来，让我们一起深入了解宝宝的五感发展。

听觉 两个星期大的宝宝，能听出母语

★ 一两个星期大的宝宝就能认得爸妈的声音，而且还能听出周遭的人是用他的母语还是其他语言沟通。

★《科学人》曾报导过一项实验，发现三个月大的宝宝能分辨出节奏的不同。

★ 九个月大的宝宝听到自己的名字会有反应，听到人说“不”时，也会停止动作。

视觉 两个星期大的宝宝，就认得爸妈的面孔

- ★ 宝宝“认人”的功力不得了。两个星期大的宝宝就能认得自己的爸爸妈妈。根据英国雪菲尔大学的一项实验显示，六个月大的宝宝即能在一群人之中辨识出他熟识的脸孔，即使是不同种族的面孔也难不倒他。
- ★ 一岁的宝宝开始会观察大人如何使用生活周遭的物品，比如用汤匙搅拌东西，用球拍打球等。

嗅觉 0~4个星期大的宝宝，用气味认妈妈

- ★ 0~4个星期大的宝宝能凭气味辨识出自己的妈妈，还能闻出妈妈的母乳和其他人的母乳不同。

认知 两个月大的宝宝，知道自己有“影响力”

★ 两个月大的宝宝理解他的行为能影响他周遭的世界，例如一哭，爸妈就会出现。

★ 三个月大的宝宝就能意识到父母在他生活中所扮演的角色，例如：妈妈喂我，爸爸帮我洗澡。6 ~ 9个月的宝宝还会玩躲猫猫。

★ 不到一岁的宝宝即能感知他人的情绪，不仅能理解大人的喜怒表情，连大人假装出来的表情也唬不了他。

语言 六个月大的宝宝，喜欢跟自己“说话”

★ 一个月大的宝宝就会微笑，不到两个月就会发出笑声。

★ 两个月大的宝宝能理解对话“一来一往”运作的基本原理，当你对他说话时，他开始会发出声音或用表情响应。

★ 六个月大的宝宝，出于好玩，一个人的时候，会自己跟自己“说话”。

★ 九个月大的宝宝会跟熟人挥手再见。

★ 宝宝在还不会说话前，会热衷用手语与人沟通。某些研究显示，早期学会用简单手语沟通的宝宝，日后学习语言可能较不费力，也较早学会说话。

★ 一岁的宝宝会开始有意义地叫爸妈；两岁的宝宝可以说出自己的名字；三岁的宝宝还能回答自己是男孩还是女孩。

肢体 一岁半的宝宝，会踢球、倒退走

★ 六个月大的宝宝会把盖在脸上的布拿开。

★ 6 ~ 9个月大的宝宝能扶着东西站起来；一岁半的宝宝会向前踢球；两岁的宝宝会双脚跳。

★ 一岁半的宝宝不仅会向前走路，也能倒退着走。

★ 两岁宝宝能自己走下楼梯，跑步不跌倒。也能自己转开门把，用汤匙吃饭。

★ 三岁宝宝能从有高度的地方跳下来并且保持平衡，还能协助做简单的家事，如擦桌子。可以自己穿T恤，还能扣一两个大扣子。

CONCEPT

2

宝宝0~1岁：给生命一个最好的开始

文 李宜蓁

“儿子！当我在心里这么喊你，仍不免一阵惊动。这是真的吗？儿子？我们真的成为母子，成为血缘至亲？是真的。你躺在我的臂弯里安然而眠，轻浅的呼吸如春日湖水微微扬起波纹，显然睡得十分香熟。你的小脸蛋贴着我的左胸，依随我的呼吸而起伏，这儿是你最喜欢的枕，我那宛如擂鼓的心跳对你而言是一首天籁。”作家简媜在《红婴仔》里道出初为人母的复杂心情，夹杂了兴奋、惶恐、期待与挫折。她还写着：“若无资深老母在一旁协助，我们两个新手父母一定会呆若木鸡地趴在小家伙旁边，瞪大眼睛、聆听圣旨（哭声），却不知从何开始伺候他？”

0~1岁的婴儿除了吃喝拉撒睡需细心照料外，有两项重要发展需要特别关注：

一、与照顾者建立亲密的依附关系。

二、脑部发育的关键期。

新手爸妈也需要足够的心理建设，彼此协调角色，共同迎接三人的幸福新世界。

1 建立亲密联结

除了肚子饿了能吃饱，新生宝宝最需要的是父母的爱与安全感，彼此建立亲密的依附关系。

根据心理学家艾瑞克·艾瑞克森（Erik H. Erikson）的社会发展理论，出生到一岁半是人格发展出信任与不信任的关键期。宝宝透过身心需求有没有被满足，来理解他与外界的关系是否安全，而宝宝发展出来的信任与不信任态度，会由父母扩及到其他人。台湾弘光科技大学幼儿保育系教授李宜贤指出："刚出生的宝宝透过哭，传达不舒服的感觉并表达需求，这时照顾者若能快速、敏捷而有效地安抚，维持照顾的一致性，给予温暖的感受，渐渐就能与宝宝建立默契与信任。"

敏锐的照顾者会发现，宝宝在肚子饿、想睡觉和无聊想玩等不同情况下，会有不一样的哭声和肢体动作，宝宝其实就是利用不同的讯号传达各种需求。

美国心理学家哈利·哈洛（Harry F. Harlow）曾经做过一个猴子实验，证实亲子关系的要素是温馨与安全感。他把一只刚出生的小猴子从猴妈妈身边带走，放入实验室单独长大。哈洛给这只小猴子两个"妈妈"：一个是铁丝网做的，上面挂了奶瓶；一个是绒布做的，身上没有奶瓶。结果发现，小猴子除了肚子饿要吃奶会找"铁丝网妈妈"，其余时间都紧紧依偎在"绒布妈妈"身边。给它吃、喂饱它并不能使小猴子主动亲近，给它触觉上的温暖、心灵上的慰藉，是小猴子主动亲近的主要因素。

台湾中央大学认知神经科学研究所所长洪兰在哈洛的自传《爱在暴力公园》（Love at Goon Park）导读中提到，她入大学任教，之后走出校园到各地演讲时，慢慢了解"有奶就是娘"这句话是不对的，孩子要的是安全感，是爱，不是山珍海味或最新的机器人玩具。正如哈洛说的，每个孩子要的是情感的坚固基础，一个不因条件改变的爱。

这段亲子间的联结不但关乎宝宝能否获得安全感，往后有没有足够的自信探索、学习，引导他一生如何与人互动，甚至影响到脑部发展，头一年的亲密联结是宝宝一生发展的基础。

当大脑侦测到最基本生理需求没有被满足的危机感，会集中所有力气来关注匮乏，没办法把能量转到探索与学习上。

美国精神分析学家瑞内·史皮哲（René Spitz）在1952年曾对孤儿院的婴儿进行观察分析，孤儿院虽供给他们食物与医药照顾，但缺乏母爱和与人接触的机会。结果发现，这些婴儿时常流露出不安、恍惚迷离的神情，身体发育不良，脑部发育严重缺损。这些孩子长大后罹患精神病与人格异常的机率非常高，犯罪率和离婚率也很高。

宝宝与照顾者的依附关系有其发展历程。婴儿的依附发展在六个月前是“无辨识依附”，只要有人抱就好，到了6 ~ 7个月开始紧抓一个人不放，可能要到一岁半才会让其他人抱。周育如建议，如果要托婴，最好在六个月之前还没发展辨识依附，或一岁半之后再送去，避开依附发展最强烈的这段时间。

● **多多陪伴互动：**

新生儿与父母间的亲密联结必须透过陪伴、互动和彼此了解、信任来培养，这将会是宝宝一生中最重要的一段关系。让宝宝知道有人无条件的关爱他，是建立彼此信任感的起点。父母可以常常抱抱他，做肌肤接触，注视双眼，温和的说说话，然后耐心等待响应。父母除了要敏锐地观察宝宝，给予符合他需求的照顾，还要注意，不要因为个人情绪而影响照顾的一致性，造成宝宝的混淆与不安全感。

宝宝习惯在母亲子宫内被紧紧包覆的感觉，照顾者可以用包巾让他重回安全的怀抱，而且千万别害怕弄痛了这软绵绵、可爱的小东西，多多接触照顾就会逐渐上手。

● **观察辨识、有效安抚：**

几乎所有新手父母都曾体验过，用尽所有办法，宝宝却怎么也不肯停止哭泣的焦虑，因此照顾技巧如何尽快上手非常重要。婴儿不会说话，因此互动质量的第一关键是观察，父母从宝宝出生就观察，他是饿了、疲累还是很兴奋，抓到每天的生活节奏，清楚辨识其细微的生理、心理反应，减轻照顾的压力，互动也会渐入佳境。

2 脑部发育关键期

大人以为宝宝是一张白纸，其实他们的小脑袋可忙了。宝宝出生时，大脑就具备约一千亿个神经细胞。从出生到三岁，细胞间开始形成复杂而独特的网络。这些联结以爆炸式剧增，却静悄悄地就此奠定了一生脑力的基础。

脑神经细胞的使命是在脑内形成联结，传递思想与记忆，这个突出联结的过程叫做“脑部特化”。孩子成长到三岁左右，就完成了约八成的脑部特化，而神经联结的紧密度和有效性，则决定孩子将来的认知功能的发展。

刚出生时，宝宝脑部的神经细胞虽多，联结还很稀疏，要靠接下来的网络联结奠定脑力基础。每个脑神经细胞之间存有小小的空隙，借由血清素等化学物质居中传导，每个细胞的轴突会和另一个细胞的树突形成奇特的联结，称为“突触”。突触的重要性，在于串起神经传导的路径。突触数目的多寡，显示婴儿脑部拉网架线的密集程度，越是密集，脑部活动越发达。

大脑接收到讯息时，讯息从树突传进神经细胞内，再从轴突传出去，轴突被髓鞘包覆着，就像给神经线涂乳液一样，髓鞘包覆得越厚，就越聪明。

刚出生宝宝的头占全身很大的比例，重量却只有成人的四分之一，然而其成长速度让人不可小觑。宝宝才一岁大，脑容量就已经增加了一倍。而幼儿与外界的互动经验，决定了神经元会不会被修剪的命运。神经网络越密集，讯息的传达越快速，也越能触类旁通、举一反三。

脑部特化滚雪球的暴冲动力，来自外在环境的刺激，婴儿要有机会使用感官知觉去接受刺激。当宝宝第一次伸手去抓旋转玩具、用汤匙敲打桌面，或是终于能够把食指和拇指捏在一起捡一颗小绿豆，他的脑部都在计算这些物品的大小、材质和距离，才能预期并准备手的姿势，最后完成动作。所以，当宝宝坚持要把老是浮上来的黄色小鸭压到澡盆底下，不要觉得他的动作好笑或没有意义，实际上，这是一个小小科学家正在运用自己的智慧探索世界的物理法则。

0~3岁是宝宝脑力发展的关键，但0~1岁却是最容易被忽略的阶段。一般人以为，0~1岁的宝宝什么都不懂，只要按时睡觉喝奶，父母便别无所求。孩子的特质会引发照顾者用什么方法响应，很多父母亲都是采取被动。可是我们应该反向思考，在孩子醒的时候多给刺激，跟他唱歌说话，一起快乐地玩，发展就会不同，父母如果知道可以怎么对孩子发挥最大的影响力，就不会觉得这样当父母就足够了。

脑神经科学的快速发展，打破了“基因决定一切”的想法。脑部发展都是由先天特质和后天影响交互作用而形成，先天的发展叫“成熟”，后天的影响称为“学习”。周育如譬喻，先天是“遗传了一百个按钮”，后天就像是“去启动按钮的手”，每个人先天会有不同的范围和图谱，后天环境按到了哪些钮，就启动教育机制，决定个人发展。如果先天没有按钮，后天再努力触发也不会跑出来；相对的，要是原本有按钮，后天环境未加以刺激，也不会有发展。

英文的教育写成“educate”，原义是“引发”。西方教育是，去预备适当的环境让人充分生长，教育要做的事情叫做引发。假使孩子是一棵苹果树，父母或教育者就预备适合他生长的土壤和水分，尽量让他变成一棵长得好的苹果树，而不是硬要他变成菠萝。

● **给予丰富的感官与环境刺激：**

传统育婴方式常常避免对婴儿的刺激，这种过于保护的做法对婴儿其实没有好处。父母应该多充实婴儿的世界，使之充满变化，丰富早期经验有益于婴儿发展。只要在正常家庭环境中长大，有正常的亲子关系，孩子所接受的刺激便足够神经健全的发展，父母不必刻意送孩子去才艺班或脑力发展班。尽量让孩子肢体伸展并给予鼓励，给孩子一个环境，有一些玩具，引导他观察各种现象，他会自己去探索，并随着能力与发展状况找到适合学习的点。

一岁前的宝宝，不需提供昂贵的启发益智玩具，最好的玩具就是爸妈丰富变化的脸。花时间陪伴互动，最能带出孩子的发展。

● 创造愉悦的家庭气氛：

三岁幼儿的脑部发育快，一个神经元可以有一万个以上的联结，脑神经的联结高达一兆个，是成年人的两倍，这种情形一直要到9~10岁以后才大量削减，因此童年期的经验对神经网络的形成与保留非常重要。

研究也发现，让孩子学习新事物，假如过程中孩子是带着很高的意愿与兴趣，经过主动探索学习而留下来的神经联结就会比较强韧，不容易被削减；若孩子学习是被动灌输而非主动学习，这个联结就不容易被留下来。黑白闪卡或学习DVD对宝宝来说都是外来的、单独的学习，只能做为类似练习本的记忆性表现，不会跟内在能力做统整或内化，也难以进入认知系统，不如真人的刺激来得有效。

● 注重营养与运动：

脑部发展必须以健康的生理为基础，因此营养和运动相当重要。这个时期父母应该注意宝宝的健康检查，量身高、体重和头围。父母可以尽量在副食品中添加富含Omega3鱼油的天然鱼肉，比如深海的鲭鱼、鲑鱼等，增加髓鞘的包覆厚度。此外，运动时会有大量新鲜血液流过脑部，而营养主要由血液提供，脑部发育自然会比较好。

● 放手让宝宝尝试各种动作：

0~1岁宝宝会经历剧烈的肢体发展历程，从躺着、想翻身，到坐着、爬行、努力学走路，这些发展都和控制动作的脑神经网络成长同时进行。比如宝宝手指刚开始还不能分化使用，经常五个指头紧握，后来能握紧汤匙，却还是不能准确将食物送进嘴里。父母此时应该提供宝宝自行探索练习的机会，别怕他吃不到或怕弄得到处脏兮兮，就急忙抓着汤匙喂他吃。宝宝这些看起来“做白工”的动作，都有助于脑部与肢体发展。父母应该随时给宝宝鼓励，并且提供一个安全而适合探索的居家环境。

3 新生儿带来的家庭冲击

有了孩子后，生活的优先次序会重新洗牌，你只清楚要把孩子摆在第一位，却不清楚孩子取代了所有重要的位子。原来，每个人不是天生就能做好母亲的角色，这中间需要太多的学习，它涵盖了美好的体验与恐怖的挑战，就像一个起伏不定的旅程，体力透支但心灵丰富。

对新手父母来说，产前也许看了不少育儿书籍，多少有些心理建设，在孩子从医院返家那刻起，不管父母到底准备好了没，就得接受这翻天覆地的人生大转变。有些妈妈为了顾家里的第一胎，忙到没时间吃饭、上厕所，加上荷尔蒙作祟，出现产后忧郁的现象。

育儿书上明明写着，新生儿大概几小时就会醒过来喝奶，但事实上大部分孩子是不照规律来的。挫折与无助，很可能让照顾者陷入心理困境，丧失观察宝宝细微表情讯号的关键能力，照顾者无法提供宝宝需要的，因而形成恶性循环。

前三个月是新手父母开始学习新角色的阶段，身心最为煎熬。这段时间内父母跟宝宝开始互相认识，知道何时该喂奶睡觉，了解个性特质，一直到一岁前，都是亲子彼此适应的时期。新手父母不要期待一开始就当满分父母，比较合理的期许，是当个可以沟通、又不断进步的父母。

美国心理学家海瑞亚·勒纳（Harriet Lerner）在提及自己扮演母职时说：“孩子教导我们最重要的功课是学会如何焦虑。”因为新生儿的生理结构在出生时还未成熟，常有些看似很恐怖的小毛病让父母提心吊胆。有些又是不能忽略的关键症状，如宝宝三个月前因还带着母体免疫，很少发高烧，若有高烧现象，可能是免疫系统出问题或其他重病前兆，应马上送医。

因此建议，产妇和家人应该好好把握产后在医院母婴同室的那几天，好好观察新生儿，趁机请教医护人员，至少掌握一些基本的照顾原则，一开始的挫折感

才不会太深。新手父母最好带宝宝到附近固定的小儿科诊所看诊，并随时充实育儿健康知识。

● **互相支持：**

有研究发现，一旦有孩子，婚姻满意度就会暴跌，夫妻在育儿过程中能否适时调整分工，将影响婚姻质量。产后，照料宝宝、喂母乳的是妈妈，爸爸通常负责当经济支柱。但在育儿方面，夫妻的合作无法一刀切开来，负责照顾工作的妈妈需要另一半的支持力量。妈妈像茶壶，宝宝是小茶杯，茶壶一直不断倒水给茶杯，总有一天会空，需要更大的热水瓶来补充，先生和家人都可以是热水瓶，细心体察妈妈的身心状态，适时支持体谅。

● **保持思绪清晰，在有限时间内做最重要的事：**

许多请过产假的职业女性体会到，工作远比带孩子轻松好几倍。听来也许匪夷所思，却千真万确。有子不见得万事足，但绝对会睡眠不足。父母一定要随时把自己"拉回来"，把握住什么是最重要的，家事的标准放低一点，凡事都可以有替代方法。然而，有些父母晚睡，就任由宝宝跟着晚睡，父母有时候就是必须放下自己的事，花时间从小去建立孩子的生活习惯。

4 教养路上父亲不缺席

现代夫妻的传统角色逐渐模糊化，有意愿并乐在育儿的爸爸愈来愈多。有愈来愈多科学证据显示，会参与亲子互动的父亲，尤其是能为孩子提供情绪慰藉的父亲，可以发挥母亲没有的影响力。每个现代父亲都要把握机会，在身体上、情绪上与孩子同在，从婴儿期就持续参与孩子的照顾、成长与生活。

产妇坐月子期间养成的照顾习惯，无形中可能把爸爸推得远远的。如果产妇在月子中心休养，照顾工作有中心人员接手，爸爸要进入照顾比较难；若是长辈在家帮忙坐月子，照顾就更难轮到爸爸上场。坐月子时期父母是否共同照顾宝宝会自然养成习惯，尤其是妈妈亲自喂奶，爸爸容易和宝宝有距离。因此，妈妈要精心设计一些事，让爸爸有机会参与。

而妈妈对爸爸参与的包容度高低，也主宰了爸爸参与的深度。有的爸爸帮宝宝洗澡洗不干净、尿布包不好还漏出来，妈妈很容易独揽照顾大权。妈妈要想清楚，能否容许爸爸照顾的过程有些许瑕疵，因为他参与重在过程，你是否提供机会给爸爸和宝宝，让他们建立亲密关系。宝宝不会因为爸爸洗澡洗不干净就无法建立联结，但不做，联结一定相对薄弱。

“父母心即石磨心”，在升格当爸妈的欣喜之余，一股严肃感油然而生，彷佛养儿育女是一件重责大任，有半点风吹草动，天就会塌下来。而更多新手父母可能手足无措，埋首在泡奶、换尿布的例行公事上，疲惫到忘却为人父母的喜悦与尊荣。

一岁左右，宝宝慢慢学走路，开口叫“把拔”和“马麻”，会张开双手讨抱抱，跌倒了就拖着两条鼻涕、毫无考虑地奔向你怀里。最黑暗的时期已经过去，爸爸妈妈们势将继续无怨无悔地为宝宝付出一切，只为两个字，叫做“亲情”。

爸爸在这里!!

● 从怀孕就参与

父亲在伴侣怀孕时就参与照顾，有助于建立一连串正面的家庭互动，对婚姻、孩子和加强父子关系有所帮助。假如父亲在早期就参与照顾婴儿，也比较能继续照顾到孩子的儿童期与青春期。父亲在参与过程中会更了解孩子的成长，对孩子有合理要求，对夫妻关系加分，和谐的家庭关系对孩子成长绝对是正面。

● 主动投入

研究显示，在小孩出生前后几周，父亲体内的男性荷尔蒙下降，女性荷尔蒙和泌乳激素却升高；在响应宝宝哭泣时，父亲的脑部活动和母亲一样高，两者对自己宝宝哭声的正确辨识度均高达八成。因此父亲千万别以为自己先天、后天都比不上母亲。新手爸爸要明白，照顾婴儿的过程将充满试验和错误，记得常常给自己打气。

CONCEPT

3

宝宝1~3岁：陪孩子度过人生第一个叛逆期

文 张瀞文

一岁的妮妮很喜欢将桌上的东西统统扫到地上。爸爸好言相劝无效，有次发火打了她，她当下哇哇大哭，隔天依旧以此为乐。

两岁的小米想喝饮料，妈妈拿橙汁时他大哭大闹，他说的饮料是养乐多，不是橙汁。妈妈好不容易弄清楚了，给他养乐多，他又气得打翻，因为杯子不对！妈妈每天在这些战争中精疲力竭。

好几次，奶奶带着三岁的如如，开心地去超市买东西。到了门口，她突然就耍起脾气来，既不进店里，也不回家，什么都不要，任凭奶奶好话说尽，结局总是大哭一场。

西方"恐怖的两岁"、东方"三岁小孩，猫狗都嫌"的"名言"，在有小孩的家庭之间流传已久。短短几个字安慰了父母，因为那代表了，或许全世界两三岁孩子的父母，都深为家中那个"天使和恶魔的化身"而困惑苦恼！

这个小人儿，常常让你前一秒气得快要爆炸，转瞬间，却因为他笑着奔向你给的拥抱，完全融化，弃械投降。搞不懂这个又哭又笑、大吵大闹的小孩，怎么如此麻烦、难懂，却又如此可爱。

发展心理学称1~3的孩子为"学步儿"。短短两年间，孩子学会走路、学会说话、学会分辨人的好恶，尝试许多生命第一次的体验：嫉妒、愤怒……有人称学步期是“人生第一个叛逆期”，常被拿来与青少年的青春期相提并论；学步期是婴儿转为儿童的过渡期，就像儿童转为成人必须经历青少年期一样。

人生中不可能再有一个时光，在如此短暂的时间中身心面临遽变，孩子面对的“成长压力”，其实不亚于成人的生活压力。这的确是个了不起的阶段。

学步儿之所以“难缠”，是因为身心正面临父母可能不知道的五个重要发展。

1 感受并学习处理更多的情绪

研究发现，一岁半到两岁的学步儿会开始试着去控制令他们苦恼的人或物。他们也会透过和同伴说话或玩玩具等策略，应对需要等待点心或礼物的挫折。

小人儿的心中，每天都有好几种情绪在作怪：恐惧、害羞、嫉妒等。很多情绪都是孩子第一次经验到，他必须面对并处理这些情绪，对他来说是人生的大课题。

两岁孩子的智能总是比体能发展得快，所以孩子可能已经知道事情的解决方式，却无法付诸行动实现。两岁孩子已经有很多想法，但是语言能力却还不够成熟，无法顺利表达自己的想法。这些，都会让他们感到挫折及生气。

父母可能因为孩子“很难搞”而苦恼，其实孩子也不好过。他绝非“故意”作对，只是处于身心遽变的不稳定状态；他最坏的时候，正是最需要父母帮忙的时刻。父母可以透过以下方式帮助他。

● **抒解他的情绪：**

孩子因为年纪小，难以清楚表达心中想法。有可能只是因为他在路上看见迎面而来的大哥哥手中的气球很漂亮，也想要，可是不知道怎么讲，父母也搞不清楚，孩子就生气了。遇到这些不明所以的情绪，先不要问理由，因为孩子很难说清楚的，而是接受他：“你心情不好呀！”

● **教他更好的情绪表达方式：**

孩子有情绪时，不要压抑，鼓励他用语言表达挫折和愤怒。如果他的语言技巧还不纯熟，试着帮他说，帮他重组句子，或用完整的语句重述心情：“没办法完成拼图，让你很生气，对不对？”

面对正在发脾气的学步儿，冷静但坚定地和他说话可以帮助他消气。你对待他的方式，就是他学习如何处理情绪的对象。

● **建议他另外的解决之道：**

学步儿其实已经有察觉情绪的初步能力，出现令人沮丧的刺激时，他会试着转移注意力，或试图控制。引导他说出感觉，并转移注意力到比较舒服的情绪上，像是："妈妈现在不在，不过等她回来，我们就可以一起读故事书了。"

2 追求自主的探险家

心理学家艾瑞克森认为，1～3岁是人格发展成"活泼好动"或"羞愧怀疑"的关键。这个阶段儿童必须学习"自主"——吃饭、穿衣、大小便等。若无法独立自主，孩子可能会转而感觉羞愧、怀疑自我能力。

突然学会走路、说话，让孩子的探索疆界更为广大。为了追求独立自主，他可能有一些危险动作：坚持自己过马路、自己喝热汤、拿剪刀剪纸等。

孩子想知道这东西是什么？可以做什么用？能够打破吗？透过实际操作把事情弄清楚，是个停不下来的小探险家。这些探险帮助他建立自主能力，了解自我地位。

凡事坚持自己来，是孩子发展个性的宣示，透过这个过程，他成为有自己思想的人。这时期，只要孩子有自发性探索的欲望，表示他的心理有一定成熟度，如果尝试的事不会对自己或别人造成伤害，就容许孩子尽情探索吧。

● **给他无障碍探索环境：**

将家中危险物品盘点清楚，如清洁剂、药品、刀子等，或是珍贵的物品，如水晶、名贵陶瓷等，收到孩子拿不到的高处或放入有安全栓的橱柜中。同时将孩子可以探索、触摸、试验的东西拿下来，放在他可以随手拿到的地方。在他高度可及处留下一个"宝宝的柜子"，装他的玩具和物品，让他可以尽情翻箱倒柜。

孩子大约两岁半左右会有分辨是非的能力。这时候父母可以慢慢将一些物品归位，并且向孩子介绍，让他摸一摸、闻一闻，充分满足好奇心，再放回原位。并且教孩子分辨哪些是可以玩的玩具、哪些不能乱拿。

● **教孩子如何安全探索：**

这时候的孩子乐于学习，尤其是与生活有关的一切事物。孩子想自己吃饭时，准备易拿握、不易摔坏的碗和汤匙给他练习，并忍受孩子练习吃饭时满地食物、满嘴饭粒、满手油腻腻的情况。孩子想玩水时，与其禁止，不如开放一个小小空间让他知道在哪里玩、怎么玩。孩子想帮忙家事时，可拿尺寸适合、安全的水果刀让他帮忙切香蕉，还可分配他自己的碗让他洗。

● **引导他达成目标：**

好的引导需要清晰的步骤。若父母希望孩子进到家里就去浴室洗手，就必须带着他做，并且一个一个步骤讲解。“把袖子拉起来，水龙头打开，双手冲湿，压一次泡泡，手心手背搓搓搓，把泡泡冲干净，手擦干。”更重要的是，把任何的引导和生活教育都当成游戏，带着孩子做，并且乐在其中。

3 变得更为倚赖

这个时期也会发展出另一个极端：更倚赖。在婴儿时期胆大包天的孩子，可能突然变得黏人、胆小、怕陌生人、怕分离、怕黑或打雷。因为探索让他知道世界比想象中更复杂，他不了解自己能力的极限，甚至会感到不安全，转而更倚赖照顾者。这是学习独立的过程。另外一个可能是，他的想象力（抽象思考）开始发展。所以报纸发出窸窣的声音，会让他觉得报纸变成活的东西，或可能做出可怕的事。对于孩子的倚赖，你可以：

- **允许孩子黏你：**

为了学习独立，孩子必须先接受、处理他的不安全感，父母能够给予安慰是最好的。足够的安全感使他有信心探索世界。让他黏你，将来他就不会那么黏；在他需要时抱抱他，最后他就不会那么需要人抱。

有些时候孩子的“黏”反而呈现他的不安全感，担心父母一离开就不回来了。安抚不安全感最好的方式是“建立信赖”；每次要离开，都让孩子知道，告知他你会回来的时间，并且言出必行。几次之后，孩子会知道你说的每一件事都是真的，降低不安全感。

- **让孩子相信你有能力保护他：**

孩子害怕时，不要问他为什么，因为他可能说不清楚；但也不要轻视他的恐惧。先接受他的心情：“我知道你觉得黑黑的很可怕。”或认同他的感觉：“我小时候也怕黑呢！”

接着运用想象力赶走恐惧。请他想象有个超人叫“噜噜”，害怕的时候叫噜噜的名字，噜噜就会进房间把妖怪赶走。

● **稳定的生活作息：**

幼儿强烈独立欲望的初兆之一是恪守规则。两岁孩子会严格遵守从观察学得的某些规则：何时该做什么事？什么东西该放在哪里？可预期的生活节奏，可以带给孩子安全感。

4 公然挑战父母，爱说“不要！”

学步期的孩子爱说“不”，因为孩子突然发现，这个简单的字竟然可以拒绝大人的指示。在小孩心中，大人世界原来是绝对权威的，当他敢挑战、敢尝试碰撞原来很权威的大人世界，正是“成长”的宣示。

孩子的反抗行为（例如：一直将桌上的物品往下丢、做所有你告诉他“不行”的事、替他穿衣或喂他吃饭时猛摇头说“我不要”等），都是在测试限度（你的耐心限度、你的规则限度，以及他影响或改变环境的能力限度）。孩子正积极按自己的极限进行探索，看看事情不是原来的样子，会是什么样子？

父母会感到困惑：原先那个快乐、可人的孩子，怎么变得如此难缠、固执、为所欲为？面对公然挑战父母权力的学步儿，你可以这样做：

- **欣赏他的勇敢：**

你的孩子又“长大”了，而且很勇敢！如果你发现自己真的很难“欣赏”，不妨这样做：每天结束前，写下十件今天孩子做得很棒的事。这有助于你更正面看待孩子的作为。

- **故意投降：**

处理学步儿烦人的不适当要求，最好的方式是故意投降，让他发现要求并不适当。例如他坚持夏天穿最喜欢的毛背心，就让他穿，让他体验不舒服的感觉，自动把背心脱掉。

- **转移注意力：**

遇到有危险的情境，就不适合让孩子做决定了，应该将他抱起并限制其行动。最好的方式是转移他对眼前事物的注意力，到新的、有趣的事情上。

- **坚持他该有的常规：**

不论你觉得他是如何霸道、难缠，都必须维持他应该遵守的常规。任何让步都会使他觉得越界是件容易的事。如果已经讲清楚规定，孩子还不为所动，不妨使用这一招：重复几遍孩子应该做的事，不要理会他的反对。让他知道，你体谅他、接受他，但只有你才是掌控局势的人。

- **好的身教：**

可喜的是，和“宣示独立”一起出现的是“社会参照”的运用增加。孩子在决定自己要如何面对新刺激时，会先看爸妈的反应。例如在路上遇到一只大狗，孩子会先观察父亲的脸，才决定他要怕狗呢，还是上前去摸摸狗。

孩子表面上处处与你作对，其实一言一行都模仿你。面对又哭又笑、情绪起落大的学步儿，“身教”胜过更多的教育理念。

5 以为自己是宇宙的中心

学步儿以为别人所想、所见、所感觉的，“理应”跟他一样，无法理解每个人有不同的想法。经常遇到的例子是：玩捉迷藏时，他把头埋进棉被而露出整个屁股，却喜孜孜以为自己躲得很好。或把最喜欢的海绵宝宝送给你，以为他喜欢的东西，全世界也都喜欢。正因如此，当他无法我行我素时，就会尖叫、生气、踢、咬、打人。

这时期，父母有个“艰巨”的任务：既要接受他以为自己是宇宙中心的心情，又要温和坚定地让他知道，他并不是宇宙的中心。

● **和孩子建立好关系：**

在他不捣乱时给予更多关注。他有危险动作时，尽量用“你可以……”取代“不可以……”。另外，还要练就一身转移注意力的功夫。孩子开始任性时，找到更吸引他的事物。尽量让局势掌控在你手上，这样也会让孩子有安全感。

● **让孩子加入你的工作：**

每天一定要有一段“全心全意和孩子相处”的时间，那段时间里，放下家事、关掉电话，认真陪伴他。在这段时间之外，如果你有其他的事要做，让他知道：“妈妈肚子饿，需要好好吃饭的时间。”或者邀请孩子加入你的工作：“妈妈现在要洗碗，你帮忙擦桌子好不好？”

● **夫妻间要多注意彼此：**

孩子会以为自己是世界的中心，是因为在生活中，他总是家里的中心、众人的焦点。父母必须少注意孩子一点，多关心彼此一些，先做好夫妻、才做好父母。试着交办孩子一件专属的家事，让他为家里做些贡献。

6 用“体谅”取代“耐心”

当父母需要耐心吗？这是肯定的。如果能够了解孩子的发展和特质，你就不会期待两岁的孩子愿意分享、三岁的孩子能控制脾气。减少不切实际的期待，可以过着挫折比较少的日子。

更高的境界是，父母可以真的理解孩子的不同，以体谅取代耐心。

人类的发展并不是像小猪变大猪、小牛变大牛这样的“连续发展”；比较像是毛毛虫变蝴蝶、蝌蚪变青蛙这样的“阶段发展”。毛毛虫的样态、食物、生活方式，甚至对世界的理解（如果毛毛虫可以表达的话），与蝴蝶是那么的不同。孩子并不是一个“具体而微”的大人，成长不是“量”而是“质”的改变。这是一种本质上的差异，不仅仅是程度的不同而已。

三岁幼儿的生活步调和大人截然不同，他们是缓慢、重视过程的，可是大人却常以匆忙的步调要求孩子。所以父母最常说的话是“快一点”，最常做的事是代劳孩子应该学习的生活自理能力，这些“身教”让现在的孩子普遍情绪不佳、没有耐心，也不愿意等待。要养出从容、好情绪、懂得生活的好孩子，父母自己得先放慢脚步才行。

有了体谅，还不足以让你当个笃定的父母。身边的人总是好意的提供教养法则——尤其当孩子处于情绪风云变色的学步期。有人认为不可任孩子为所欲为，得好好管教；有人认为“孩子懂什么，大一点再教”才是对的；有人说“打就对了”；也有人说，打会造成严重的心理创伤。

面对那么多好意的建议，关键是“你觉得最重要的是什么”。

建议父母，花几分钟为自己建立“教养白皮书”，思考“你对孩子抱持的期望”、“你会如何描述身为父母的自己”。白皮书不需要其他人认可，只是借此让你在教养孩子时有“自己的主张”。父母所使用的方法，不应该和本性与价值观有太大不同。

就算你对所有教养建议执行无误，孩子还是可能出状况。所有学步儿的父母（或者所有的父母），都要很有弹性和幽默感，对孩子带来的让人惊奇的混乱，学会一笑置之。

父母不妨为家中那个好奇、乐于探索、坚持自我、勇敢挑战的学步儿拍拍手，他正在经历人生最快速而混乱的成长，却乐此不疲。也为身为学步儿父母的自己鼓鼓掌，因为你正在做世上最难为的工作，却丝毫没有退缩，并认真思索如何给你的学步儿更多的理解和爱。

学步儿父母的五个正向思考

- **孩子的反抗不是难搞。**

他正尝试挑战、碰撞心中权威的大人世界。是很勇敢、具实验精神的小孩。

- **孩子说谎不是不诚实。**

孩子会说谎，表示他开始认识到自己的心智与他人不同，发展往前进了一大步。而且学步儿的欺骗通常不是恶意，只是为逃避处罚，父母不必太快落入道德判断。

- **一直问“为什么”，其实不烦人。**

喜欢问为什么，是因为孩子开始认知因果关系。这个有趣的发现，让他想知道更多。不过有时排山倒海的问题不完全是因为好奇，而是想引起注意。父母偶尔可以反问：“你觉得是为什么呢？”帮助他自己思考。

- **孩子太黏人了，不是不够独立。**

学习独立是个漫长的过程，每个孩子的轨迹不同。弘光科技大学幼保系副教授谢孟岑说，孩子会“黏”照顾者，表示孩子喜欢和你在一起。

- **容易发怒，不是挫折容忍度太低。**

孩子无法完成工作感到挫折，表示他在乎，父母可以利用这个机会帮助他完成工作、面对挫折。如果孩子什么事都不在乎，一点挫折感也没有，也是挺让人伤脑筋的！

CONCEPT 4

宝宝3~6岁：为孩子搭建基础能力的支柱

文 陈珮雯

俗谚："三岁看大、六岁看老"。究竟教养3~6岁的孩子，施力点要摆在哪里，才能帮助孩子顺利衔接小学生活，发展成一生受用的基础能力？幼教专家认为，父母应该帮学前幼儿搭建五大支柱：

一、体能的奠基；

二、责任感的关键养成；

三、良好的自我概念；

四、同伴相处技巧；

五、手足关系的经营。

3 ~ 6岁，孩子进入幼儿园，并准备迈入小学。父母直观上很容易把教养重点放在智育学习，产生"见树不见林"的教养迷思。教养资源的投入也过于单一或片面，忽略了学前教养应该是"全人发展"，需全面关照孩子的身体、社会、情绪、认知、语言等各面向发展。

面对3 ~ 6岁的孩子，父母的教养角度要宏观。幼儿教育不是"小学先修"教育，也不是才艺、美语、计算机科技教育，而是重视身体健康、培养人际智能、开发思考力、基础小区公民的教育。幼教专家建议家长，教养学前幼儿，可将心力投入以下五个重点：

1 体能发展的高峰期

进入小学后，孩子要面临长达十年以上的学习生活，良好的体能有助提升孩子的抗压性，跑完这场学习的马拉松。体能是指个人的能力可以胜任平时的工作，不会感到疲惫，且仍有余力应付突如其来的变化及压力的能力。

而体能发展的黄金期在5~7岁。幼儿成长发育权威学者史康门（R. E. Scammon）发现，人体于5~7岁时，神经机能的发育已达到与成人相近的程度，此时是父母提升幼儿体能发展的最佳时机。

- **充分活动以发展大肌肉：**

幼儿的发展是循序渐进的。在身体发展上，3~6岁的孩子着重大肌肉的开发，家长必须提供安全的环境及较多的活动机会，帮助孩子发展身体的敏捷度、平衡感及协调性。最好每天有至少半小时的户外活动或体能活动时间，才能帮助孩子充分发展大肌肉。

● 游戏中发展运动技巧：

幼教专家指出，最适合学前幼儿的活动就是游戏。身体的游戏在孩子动作能力及技巧的发展上扮演极重要的角色，可让孩子学习到个体能做什么、如何去做。别小看走、跑、跳、滚、爬等动作，这些最简单的游戏能让孩子探索身体、空间和物体的关系。

3~4岁的孩子已能运用整个肢体活动，可带孩子玩搭拱桥、推球接力、溜滑梯等大肌肉伸展运动的游戏。

5岁幼儿的脑部神经已趋近成熟，能灵活自如的运动，身体发育非常迅速，动作能力进步很快。此时应提供可协助孩子稳定控制大肌肉动作的活动，如走平衡台、跳绳、骑自行车等。

6岁孩子的平衡感更稳，应能更正确、熟练地从事各种运动。父母可根据孩子的兴趣，让他投入比较复杂的动作技巧，如游泳、溜冰、跳舞、体操等。

● 慎选活动的环境：

若从事游泳、律动等有氧运动，家长需考虑活动的环境，最好是通风又凉爽。相较于成人，幼儿的新陈代谢能力仍有一段距离，也就是说，幼儿的散热能力较差、心跳速度较快，如果在炎热、空气不流通的空间里运动，很容易生病或中暑。

2 责任感的关键养成期

如果父母想让育儿这件事犹如倒吃甘蔗般甜美，幼教专家建议家长，千万要把握3~6岁，这时期是建立孩子“自我负责”观念的最佳时机。自我负责的认知与态度，是能让孩子受用一生的基础能力，和记忆型的读、写、算教育相较，教会孩子负责任的投资回报率最高。

一旦孩子在学前阶段学习到该为自己的行为负责任，上了小学后，父母就有机会看到凡事自动自发的“理想”小学生：早上不赖床、上学不迟到、好学不倦、充满学习热情、不用催也不用赶，孩子会自动写完功课……

幼儿在5岁前仍是无律阶段，没有是非观念的存在，以满足自我的需求为主，显现在外的行为不受约束。但是5岁之后，教育心理学家皮亚杰认为，除了自己，孩子已意识到他人的存在，开始有是非善恶的观念。如果父母于此时给予明确的教养原则，孩子会发展出对规矩的强烈尊重，而且视之为神圣不容更改，道德发展进入“他律期”。

- **开放给孩子选择的权利：**

关于自己需要什么，孩子应该逐渐做更多决定，并自己承担后果。不论吃饭或是玩玩具，父母都该将自主权还给孩子，不该帮孩子决定玩具怎么玩。又如吃饭，父母可以决定供应哪些菜肴，但除了孩子自己，没有人能够决定孩子的食量。只要孩子不想继续吃，就该结束用餐。父母只要坚持在规律的时间提供三餐，并拒绝在餐间提供零食，孩子很快就会学习找出正确的食量。

- **生活自理的责任：**

孩子3岁进入幼儿园之后，许多家长常有“早晨焦虑症”，孩子太晚起床、穿衣服拖拖拉拉、吃早餐也慢吞吞。父母的责任是将孩子准时送到学校，至于孩子是否穿戴整齐、头发梳好，是否有时间从容不迫地吃早餐，可以交给孩子自己决定。孩子觉得自己“有责任”时，早上就不再有理由胡闹。

- **给孩子无聊的权利：**

这个阶段孩子该学习规划自己闲暇时间的责任。如果孩子一句“我好无聊”，就能获得家长陪伴，孩子根本无从认识自己的需求和能力，也不知道该如何和自己相处。

孩子有权无聊。别允许孩子看电视填补空档，也不必带着孩子四处上才艺班。父母可与孩子讨论，但请孩子规划属于自己的周末游戏作息表，父母只要在家里提供属于孩子的工作桌或角落游戏空间，让孩子依自己的安排游戏。自由游戏的时间越多，孩子越容易回答“我该做什么”的问题。

● 制定明确的规矩，让孩子知道违反规矩的后果：

幼儿需要规矩、限制、界限，才能学习自我控制，了解不能总是率性而为。孩子其实很需要成人为他们制定规矩，规矩可以做为支柱与指引，让孩子了解什么才是良好的态度与正确的行为。

但给予幼儿的规矩和要求必须非常具体，如果父母说“去把房间整理干净”，就是模糊的要求。对孩子而言，“把房间整理干净”的意思并不清楚，他不知道该用什么方法让房间变干净。所以明确的要求应该是：“先把玩具收起来，再将地板上的衣服挂起来，把房间收拾干净。”父母也必须让孩子了解违反规矩的后果，这能让孩子知道如何做决定：正确的决定会得到正面的结果，错误的决定则会是负面的后果。例如，给孩子蜡笔前，可以先提出明确的要求：“要画在纸上，如果画在其他东西上，就要没收蜡笔。”

● 贯彻规矩的执行：

许多父母定了规矩，也告诉孩子违反规矩的后果，却因孩子的哭闹、拖延而妥协、屈服。教养态度前后不一致，孩子反而成为机会主义者，他们学到以负面的方式坚持到底。

如果家长想要孩子自律，必须坚定地执行自已所立下的规矩。当孩子知道你言出必行，才会认真看待你对于违反规矩的警告。而一旦孩子开始试着自己收玩具，在餐厅吃饭有礼貌，就寝时间到了也不拖拖拉拉，家长可以赞美孩子，让他知道自己长大了、渐渐具有责任心，对家里也有所贡献。

3 建立良好的自我概念

孩子在0~2岁就会产生“我”的概念，此时表示孩子开始思考自己。这对孩子未来的人格发展非常重要，因为拥有良好的自我概念，可让孩子在小学阶段展开学业或交友等关系时，以正面的态度应对，发展开朗的人生观，也较能面对挫折。协助孩子建立良好的自我概念，有以下几点建议：

- **多赞赏，少责骂：**

七岁前，孩子对自己有能力完成任何工作常有不切实际的乐观估计，因此，要赞许的是孩子的努力，而不以工作成果及质量论断孩子。这会让孩子相信，自己努力工作可完成许多事情，并“成为厉害的人”。

- **给孩子探索的自由和空间：**

让孩子有时间与机会找出适合自己解决问题的方法，不要老是给答案。尊重、欣赏与信任孩子的能力，让孩子体验“我做到了”的成就感，在实现自我的满足中肯定自己。

- **让孩子有宣泄情绪的管道：**

可在室内开辟一个角落，铺上软垫，放置几个抱枕或软质玩偶，让孩子宣泄情绪，避免过度压抑内心的负面情绪，才能帮孩子建立健康、快乐的积极态度。

- **肯定与接纳孩子的任何感觉：**

教孩子认识“我的感觉”，并以适当的词汇表达情绪。孩子抱怨或诉说情绪时，耐心聆听，并尽量协助孩子完成事件的描述，避免嘲笑与否定，帮助孩子加强自我概念的形成。

4 手足与父母无法取代的同伴相处

现代孩子的人际经验，多的是与大人相处的经验，却少有同伴互动的机会。小家庭的环境促使现代小区人际互动比过去疏离，加上少子化的宠溺症候群，当今孩子的人际知能较为缺乏，不利于日后人际互动敏感度的建立与团队合作意识的培养。

学龄前的同伴相处经验，能提供孩子练习人际关系的经营。同伴游戏最珍贵的意义在于磨合的过程。透过同伴互动，孩子有机会和别人一起合作、用语言协商冲突、知道如何在游戏中加入群体、试着做决定，并为决定负起责任。要让孩子未来成为一个具备良好社会能力的人，幼年的同伴经验不可或缺。

● **同伴相处机会不嫌多：**

同伴相处是父母与手足无法取代的经验。孩子与父母、手足之间的互动及接触，很少是属于平等地位，通常被较年长者当做晚辈看待。

唯有同伴相处，孩子彼此才是站在同等的地位，有更多机会自由尝试新的角色、想法和行为，如此才能学会与人相处之道，如“我不轮流玩，别人就不和我玩”“我如果推他，他就会打我”等。这些社交、认知能力，在不平等的亲子或手足关系中不易获得。

在幼儿园教学现场观察到，家庭生活中少有同伴相处经验的孩子，上学后也较不易融入团体，常成为团体活动的落单者。父母若想提供同伴相处经验，不妨让孩子进入幼儿园。

若父母不想让孩子太早上学，应该让孩子有机会跟一群玩伴长期稳定的交往。例如多带孩子参与故事妈妈活动，或在固定的时间带孩子去公园游戏，才能让孩子深入了解玩伴并相互学习尊重。

● 不要直接介入孩子的同伴冲突：

爱子心切的父母，在刚入园时已开始为孩子“介绍”朋友，孩子回家一句“他都不和我玩”，隔几天就看到家长在校门口送糖果给其他孩子。

孩子才是同伴团体的当事人，家长的直接介入其实剥夺孩子练习面对社交问题的机会。研究也显示，当同伴相处出现冲突，父母不直接介入的孩子，在幼儿园内比较受到同学的欢迎。

从幼儿园教学现场观察，成人很难理解学前幼儿的同伴相处规则，上一秒还是如胶似漆的好朋友，下一秒可能因为一句话或一个玩具就翻脸，但没隔几秒，两人又玩在一起。建议父母完全放手，不要介入小孩的同伴世界，孩子绝对有能力与同伴磨合出彼此都能接受的相处之道。

● 帮孩子把脸擦干净、穿戴整齐：

在幼儿的世界中，外观与同伴的认同有绝对的关联。幼儿园内人缘不好的孩子，老师多半会请他先改善卫生习惯，例如把脸上鼻涕擦干净。父母若希望孩子拥有良好的人际关系，也应协助孩子在平日建立良好的卫生习惯。

● 教导孩子加入团体游戏的技巧：

孩子的团体游戏有自己的一套剧本，外来者要加入，除非扮演对既有团体成员无害的角色。例如玩扮家家，如果团体中已有医师、护士的角色，孩子还想扮演这两个角色，很容易被排拒。通常较受欢迎的孩子，都是被认为“无害团体既有成员”者。

5 手足关系的经营

父母一定要把手足关系的经营当成一件大事。手足关系是亲子关系之外，影响孩子最深远的另一种关系。

处理手足关系，比较令父母头疼的应该是“手足的竞争”。手足竞争现象在同性兄弟或姐妹间更为明显。若是两兄弟（姐妹）年龄仅差距一岁，竞争最为激烈；若年龄差距五岁以上，两人的发展已似独立的个体，父母形同面对两个独生子女，较感受不到手足间的竞争。

面对手足教养，要先了解孩子的感受。老大通常会有失落、吃醋、嫉妒的感觉。但老大在老二出生前，获得父母教养资源完全的投入，老二看待老大，常觉得“哥哥能力比较好，比我优秀”，因此老二的成就压力大，也容易出现没有自信的状况，导致一切想向兄姐看齐、或想拿取他们拥有的东西。

手足竞争并不只是家庭互动的一部分。若没有适当的引导，孩子会产生焦虑、愤怒和沮丧，尤其是一年发生激烈冲突五次以上的手足。

- **一致的价值体系：**

手足纷争总是推陈出新，没有一种方式可以处理所有争执的情境，父母要先确立自己的价值观，才能在“每次都不一样”的纷争中，坚定自己的态度。否则就会演变成昨天希望哥哥多包容弟弟，今天又觉得两人应该公平竞争。方法的不一致，会让孩子感到无所适从。

- **让老大参与育儿：**

很多手足竞争与冲突，追本溯源都是儿时对新生儿的嫉妒。可以在新生儿回家后，分派一些重要的工作给老大，如拆玩具、拿尿布等，并感谢他的帮忙。

● **当个小帮手，孩子较能肯定自己的价值：**

老大参与的程度愈高，他的归属感也愈深，有助于培养老大和新生儿间健全的心理架构，日后与弟妹或父母的关系也会比较好。

● **协助孩子了解彼此的差异：**

家有手足的父母一定会面临孩子“要求公平”的需求。每个孩子都有其独特性，不可能用同样的方式对待。如果家长决定给某个孩子不一样的待遇，而遭致孩子抱怨“不公平”，父母可以向孩子解释：大人试图公平对待每个人，但因为年龄和个性不同，导致两人有哪些差异，才会做出不同的决定。

给学前幼儿家长的教养小提醒

● **Lesson 1 性别教育的第一堂课**

对3~6岁的孩子而言，“性别”是非常重要的发展议题。除了少数是生理关系，很多同性恋是因为性别角色发展不完整。学前幼儿从性器官的差异认知到“男女有别”时，会开始在生活中寻找、学习性别的认同，例如小男生爱玩车子、穿蓝色的裤子，小女生喜欢玩洋娃娃、穿粉红色的裙子。

但5岁前，孩子仍没有“性别永久性”的概念。幼儿会认为，只要他们愿意，男孩就可以变成妈妈，或一个人只要改变一下，例如男生穿了裙子，就能变成不同性别的人。一直要到小学，孩子才能了解性别是一项永久不会改变的特质。

在性别角色发展未完全阶段，家长的教养态度会影响孩子日后对性别角色的认知。通常3~5岁的幼儿已会从事典型的性别行为，如小男生玩车、小女生玩洋娃娃，但如果小男孩跑去玩过家家或小女生也玩车，家长也不必刻意禁止，让孩子产生性别刻板印象。

● **Lesson 2 学写字、培养好情绪从画画开始**

孩子的语言能力还没有发展成熟，幼教专家皆肯定，画画是一项非常适合学前幼儿的活动，能协助他表达自我。父母可以让孩子将心中的想法透过画笔呈现，借以了解孩子在想什么，当作家庭情绪教育的触媒，找出与孩子沟通的重点与方法。

画画也能协助孩子手指小肌肉的稳定度、手眼协调力的发展，帮助孩子上小学后顺利学写字。但家长需要注意画笔的选择，学前阶段仍以粗大的笔画画较为适合，画画的工具也不一定要彩色笔、蜡笔，捡根树枝，就能让孩子在学校操场或海滩的沙土练习写大字。

BODY

2

关于宝宝的身体发展

BODY

1 幼儿发展的关键里程碑

文 台湾新竹教育大学幼儿教育学系副教授周育如

孩子的发展是个奥妙的过程。光是一个精子和一个卵子的结合，所能产生子代的基因组合就高达二的二十三次方，约八百万种可能性；再加上染色体互换的过程，又产生近六亿四千万种可能的变化。然后，这个“亿中选一”的独特生命开始在母体内成长，中枢神经系统开始发育、心脏开始跳动、四肢五官开始形成，一直到呱呱坠地，过程中历经的变化极为复杂精妙。因此，每个来到世上的孩子都是独一无二的奇妙生命。

随着成长，孩子的身心特质会产生系统性的、持续性的变化，这个成长变化的过程称之为“发展”。决定孩子发展有两个最重要的因素：一个是“遗传”，也就是爸妈所传给孩子的基因组合；另一个是“环境”，指的是孩子与外界环境互动所造成的影响。

因为有来自遗传的影响，孩子不只会长得像爸爸妈妈，个性和许多身心特质也会跟父母有很多相像的地方。例如有些父母抱怨孩子坏脾气，其实自己也固执得很，孩子只不过是“跟父母一个样”罢了！有了这一层的了解，父母在要求孩子的同时，可能会稍微宽容一点。

除了遗传的影响外，对教养上最有意义的莫过于环境所能发挥的影响力了。

幼儿时期是人一生中身心发展最快速的时期，发展学家常称0~6岁是孩子发展的黄金时期，不只脑神经元在此时快速且大量地联结，孩子的身体、认知、语言、社会情绪和自理能力，也在此时有极大的进展。在这个过程中，孩子成长的环境是否能支持他的发展，将决定他是否有好的发展结果，对孩子的一生影响巨大。父母要帮助孩子的成长，了解并掌握孩子各领域发展的情况是非常重要的。

1 婴儿期：观察孩子的反射能力和知觉发展

对婴幼儿来说，身体发展是一切发展的基础，反映出神经生理的健康及成熟状态，父母只要留意观察宝宝的反射动作和知觉反应，并善用发展检索表（见附录）的信息，就可以有效掌握孩子的健康状态。

在新生儿阶段，如果父母在带孩子进行健康检查的时候留意一下，会发现医生会拿支笔给孩子握握看、压压孩子的脚底、用手碰碰孩子的嘴角……这可不是医生在逗孩子玩，而是在检查孩子的基本反射能力。

从新生儿到婴儿早期的阶段，反射能力是孩子神经生理发展是否正常的重要讯息。此时重要的反射包括吮吸反射、抓握反射、莫洛反射等。通常新生儿的反射会在6~8个月时消失，开始学会控制自己的躯干，配合感官知觉发展协调和自主动作。

此外，医生也常会拿颗红球在孩子眼前晃来晃去，或在孩子耳边东敲敲西敲敲，这是在检查孩子的视觉和听觉发展的情况，包括孩子是否能顺利地追视物体，以及听到声音会不会转头往音源方向去找，可反映孩子基本知觉发展的情况。

这些基本检测，爸妈也可以在家自己做，如果发现孩子的反应异常，就要尽快带去医院做进一步的检查。

2 幼儿期：善用发展里程碑及发展检索表

接下来，爸妈要知道如何判断孩子的发展状况是否正常，最简单的方法就是对照“幼儿发展里程碑”或“幼儿发展检索表”。

所谓的儿童发展里程碑及发展检索表，是用来说明每个年龄的幼儿，其身心发展可达到该年龄一般孩子可以达到的行为。通常在表中会有“身体动作”、“认知”、“语言”、“社会情绪”和“自理能力”等项目，分成不同的月龄或年龄，说明重要的能力有哪些。

透过发展里程碑及发展检索表，爸妈可了解和孩子同龄的幼儿大多已能做到的事情有哪些、自己的孩子是不是也能做到，借此能知道孩子身心发展是不是大致正常或有些慢了。如果发现孩子有发展迟缓的现象，爸妈就要积极地带孩子进行治疗。

0 ~ 6岁间的治疗非常有效，只要用对方法，孩子通常可得到很大的帮助。千万不要存着“等等看就会好”的错误想法，延误了孩子治疗的黄金期。这本书的结尾附录中有发展里程碑，建议爸妈一定要善用这些信息。

3 提供感官探索机会

配合孩子的发展阶段，在婴幼儿时期，孩子的感官正在快速发育，爸妈可多和婴幼儿进行以下的活动：

- **身体发展的活动：**身体的刺激非常有助于孩子脑部的发育和感觉统合的发展。爸妈可经常拥抱孩子，或进行婴儿按摩。另外，也可以和孩子玩些有趣的动作游戏，例如：在床上或软垫上翻滚、听音乐舞动身体等。

● **安全范围下，允许探索和游戏：**在孩子安全的情况下，放手让孩子玩水、玩沙、到处观看聆听、东摸西玩、经常接触大自然，这些经验对孩子身体和智能的成长极有帮助。

孩子是上天所赐的奇妙礼物，我们何其有幸可以为人父母。爸妈们请放宽心，只要把握孩子发展的重要讯息，好好陪伴孩子成长，你将会发现，这真是一段见证生命成长奇迹的美好时光！

【注】P180~185收录完整的婴幼儿发展里程碑。

BODY

2 宝宝身体发展的十三个关键第一次

1 第一次喝母乳：天然的，上好

咨询 台湾振兴医院婴儿室护理长萧慧珠　　**采访整理** 钟碧芳

妈妈可能还在产台上，就会与宝宝进行第一次接触，并尝试哺育母乳。即使当时没有做到，医护人员也会在产后四小时内，指导妈妈如何进行哺育工作。

哺育母乳可说是与生俱来的天性，但不管是对宝宝或妈妈而言，过程中都必须透过学习技巧与不断练习，才能找出彼此最适当的方式，顺利哺喂。一开始哺育母乳时，妈妈一定觉得困难重重，也怕自己的奶量不足，或因为产后身体仍未恢复而担心害怕。

● **母乳优势：营养、无污染**

对宝宝来说，母乳的营养成分远高于配方奶，已知营养素含上千种，还有科学家未发现的成分。

而且，母乳营养素被身体利用、吸收的效率比配方奶好，宝宝不用喝多，就能有效吸收养分，同时有益脑部及神经发展，并兼具安全无污染的好处。从妈妈的角度看，哺喂母乳有助子宫收缩，还能在哺育的同时，经由眼神交换及肌肤接触，建立良好的母子依附关系。

哺育母乳的好处不仅如此，透过哺乳时妈妈对宝宝的轻声细语，也能让他感受到妈妈的温暖，建立适度的安全感。这对宝宝日后人际关系建立及对他人的信任感上都有很大的帮助。

只是对初为人母的妈妈来说，如果一开始哺育过程不顺利，就容易出现挫败感，而影响日后哺育的意愿。

找到一个最舒适的姿势，让宝宝正确地吸吮乳头，是妈妈第一个必须学习的功课。

刚生产完的妈妈在体力恢复前，不仅需面临伤口的疼痛，还得忍受乳房胀痛之苦，这对新手妈妈来说，更容易加重焦虑不安的情绪。再者，为了哺育母乳，睡眠时间又被分割得零碎，更感到心力交瘁。这时，家人及先生的陪伴与鼓励，就显得格外重要。

新手妈妈容易跟着宝宝的哭闹而紧张不安，但这对哺育并没有帮助，且紧张的情绪也容易传递给宝宝，因此一定要先稳定情绪、放松心情。

其实宝宝已经相当熟悉妈妈的心跳，只要坚持下去，尝试变换不同姿势，找出让宝宝和自己都满意的方式哺育，就能成功。

● 持续哺育：减缓疼痛，促进乳汁分泌

在产后的头几天，妈妈的乳房能分泌出的乳汁通常不多，再加上乳房的肿胀，往往让新手妈妈认为自己不适合哺乳而放弃。不过，无论是否哺育母乳，乳房肿胀的感觉都是正常的。只要持续哺育，增加喂奶的频率，除了可以减轻肿胀的疼痛感，也能刺激乳腺分泌，让乳汁源源不绝。

倘若妈妈试过许多方法都无法分泌足量的乳汁，这时可检视自己所吃的食物是否营养、有没有摄取足够的水分。负面的情绪与压力，也是导致乳汁分泌不顺的原因。

在某些情况下，妈妈可能需要适度挤出乳汁，为无法亲自哺乳预做准备。用手或电动吸奶器都可协助挤出母乳，但务必先将双手洗净，吸奶器也需消毒干净才能使用。瓶喂母乳容易让乳汁逐渐变少，除非妈妈持续试了多次都无法亲喂成功，否则并不建议使用。

再者，搜集乳汁，也需特别用心，尤其若要提高分泌的奶量，就需在挤完乳汁时再多挤一会儿，以刺激乳腺泌乳。

2 第一次换配方奶：换奶前，先让他熟悉奶瓶

咨询 台湾振兴医院小儿科主治医师程美美　**采访整理** 钟碧芳

当妈妈返回职场后，可能因为无法全母乳哺育，导致奶水的分泌量减少，而被迫穿插一两餐的配方奶来补足宝宝的营养。

从母乳到配方奶阶段，建议妈妈在混合喂食前，先花将近一个月的时间调整，让宝宝先适应由乳房过度到奶瓶，再逐渐习惯由瓶喂母乳改为配方奶。

市售婴儿奶粉种类繁多，选购前除了确认卫生安全的合格标识外，也应尽量以有品牌、营养标识完整且信誉良好的厂家为佳。对于有特殊体质的宝宝，如乳糖不耐症、过敏体质等，则可请教医师的建议，选择无乳糖配方或低过敏性成分的奶粉。

如果宝宝喝配方奶并没有任何不适应的现象（如便秘或过敏等），就没有必要经常更换不同品牌与种类的奶粉，也无须改换成长奶粉。因为，从刚出生就喂食的配方奶，几乎可以喝到一岁甚至以上。当宝宝满六个月时，营养的来源已经不只是奶类，辅食的添加才是重点。

● 奶瓶消毒避免肠炎发生

喂食配方奶，需特别留意适时适量。冲泡方式及奶瓶的消毒过程，都是关键。尤其是刚出生的宝宝抵抗力弱，胃肠道容易因感染而腹泻。为了避免肠炎发生，每次瓶喂前后，务必以高温消毒，且持续进行到宝宝约六个月大左右。

奶瓶的选择也是一大关键，市售奶瓶大概分成玻璃及塑料材质两种。玻璃奶瓶可耐高温，安全度高，唯重量稍重，不耐摔；塑料材质奶瓶材质虽轻，但需特别注意耐热度，尤其，PC（聚碳酸酯，polycarbonate）已被证实在常温中就会释出环境荷尔蒙双酚A，不建议使用。

而PES（聚醚砜树脂，polyethersulfone）与PPSU（聚苯砜树脂，polyphenylene sulfone）的奶瓶，则是除了玻璃奶瓶外可考虑的材质。

泡奶的方式则需依照配方奶公司指示的浓度冲泡，以免因浓度过高而增加宝宝身体负荷，或者浓度过低让他喝进太多水分，少了营养。

有时，更换成配方奶后，宝宝容易出现便秘现象。这时可以让宝宝多喝一点水，若是六个月以上的宝宝，则可增加纤维量高的水果泥、蔬菜泥，以减轻症状。

3 第一次吃辅食：高过敏食物也能少量尝试

咨询 台湾振兴医院小儿科主治医师程美美 **采访整理** 钟碧芳

近年医界对于辅食该在宝宝四个月还是六个月再开始，有不同的说法。喂辅食，要把握三大原则：一、四个月就可以开始吃辅食；二、可能有过敏体质的孩子，更要从四个月大就开始吃；三、什么食物都可以添加，除非吃了会产生过敏症状。

四个月到六个月大的宝宝，肠胃淀粉酶及消化酵素已经开始分泌，功能逐渐成熟，再加上有些宝宝这时可能进入厌奶期，这代表他的生理发展即将进入下一阶段。而辅食正好可以补充不足的营养，包括热量及多种微量元素等，也是为了日后进入固体食物阶段预做准备。

吃辅食对宝宝日后咬字发音及语言发展具有正面的意义。这时期的宝宝正在发展咀嚼与吞咽能力，吃辅食会运用到口腔内的咀嚼肌、下颚、上下唇及舌头等。这项工作能让这些部位的肌肉发展渐次协调。

● 第一口，重在愉快气氛

宝宝第一次吃辅食，一定会吃一半吐一半，因为舌头的后送能力还不能有效的把食物送进食道。父母不用过于紧张，第一次的经验最好是能吃多少算多少，只要在轻松的气氛下，让他有愉快的感觉即可。

添加辅食时，以循序渐进的方式进行。先从流质食物开始（流质——半流质——半固体——固体），建议可从一些好吸收且低过敏性的食物着手，例如米、麦精。

没有必要延后宝宝摄取高过敏食物的时间，像鸡蛋，也是在四到六个月大的时候，就能开始尝试。可以先让孩子吃蛋黄，吃一个星期没有问题后再添加蛋白。如果有过敏就先停两周，等症状消除后再试一次；如果试了还是过敏，表示现阶段孩子无法接受，可以等到一岁后再试试看。

在准备辅食时，从一次一种食物、少量开始喂起，确认宝宝没有出现红疹、腹泻、呕吐等现象再继续喂食，等到宝宝慢慢适应这项食物后，再逐渐增加浓度及种类。

至于要在宝宝喝奶之前还是之后再喂食，则有两派说法。一种说法是喝奶前先喂辅食，不足的量再以母乳或配方奶来补足。因为宝宝肚子饿时，比较愿意接受新食物，这也是让他逐渐养成以辅食为主食的习惯，慢慢把奶类当作辅助。另一种说法是，宝宝肚子饿时，本能会想以吸吮方式让自己喝奶填饱肚子。此时若给予辅食，宝宝反而容易拒绝，并破坏他对辅食的兴趣。

建议爸妈观察宝宝的状况，找出最适合宝宝的辅食喂食节奏。例如，若是先喝奶就先喝个五分饱，再补上些许辅食。

● 爸妈态度影响宝宝接受度

辅食是宝宝第一次尝试新的饮食方式，在喂食过程中，爸妈的态度及说话的语气都会影响宝宝对辅食的接受度。如果喂食中发现宝宝不喜欢某些食物种类，不用心急，可以等待一段时间后再尝试，或改变烹饪方式，用不同的口味来吸引他，但不建议添加过多的调味料。

只要发现宝宝愿意接受新食物，就要适时给予鼓励，让他在吃的过程中充满愉悦，逐渐培养宝宝对食物的喜爱。根据临床观察，如果宝宝这个阶段接触的辅食种类多元，日后比较不会偏食。父母多费心制作辅食，就能奠定宝宝日后良好的饮食习惯。

4 第一次自己吃饭：从“玩”食物开始

咨询 台湾阳光天使职能治疗儿童发展关怀联盟执行长吕忠益

采访 陈珮雯　**整理** 郑怡华

宝宝一岁半就可以自己拿汤匙吃饭。爸妈要让孩子有机会练习自己吃，自己吃饭代表小肌肉控制及手眼协调能力的发展日渐成熟。先帮宝宝准备一个专属的位置，也不要怕他吃不好、会弄脏衣服或环境，就贪图方便喂宝宝吃。

一岁到一岁半是训练孩子吃饭的最佳时机，他开始可以自己拿汤匙。在此之前，宝宝喝水时，可以练习使用吸管、杯子。用杯子喝水，锻炼他的手眼协调，有助发展自己拿汤匙吃饭的能力。

刚开始训练宝宝自己吃饭，可以帮他准备专属的椅子、餐具，并从“玩食物”开始。在吃饭前两、三分钟，允许他用自己的方式接触食物，不论是用手抓或是汤匙搅，让宝宝透过自主的游戏，建立对“坐着吃饭”这件事的好感。

有时候孩子会玩到停不下来，无法专心吃饭，尤其是两岁以下的幼儿。让宝宝玩食物五到十分钟，是可以接受的范围，超过这个时间，爸妈可以握着宝宝的手，慢慢引导他用汤匙开始吃饭。

刚开始学习自己吃饭，宝宝容易遇到挫折，例如汤匙放不进嘴巴里、吃不到东西，他也许会生气。这时爸妈可以握着他的手，帮忙宝宝把汤匙放进嘴巴里，这样他会慢慢学到如何做才能吃到东西。

宝宝从“玩食物”到“吃饭”，有些宝宝没吃几口，就想下桌，这是因为宝宝觉得“吃饭”不好玩或他根本不饿，也有可能他不喜欢爸妈准备的食物。如果发现宝宝觉得吃饭很无趣，可以试着和他玩游戏，比如说：“来，换你喂妈妈吃一口”渐进地吸引他投入。

● **吃得慢，可能是口腔敏感**

孩子吃得很慢，有种说法是口腔缺乏刺激而造成口腔敏感，宝宝对食物的接受度差，容易偏食又吃得慢。要避免口腔敏感，就不要把食物做得太软烂，要有些口感，让宝宝有机会练习咀嚼。

医学界最近也发现，愈晚开始吃辅食的孩子，口腔敏感的情况愈明显。因为吃稠状副食品时，舌头舔的动作及嘴唇抿的动作，都会提早诱发孩子的口腔动作，包括口腔张力及舌头协调性，都会变好。

有的孩子一口饭含很久都不吞，可能是括约肌较为敏感或力量不够。在辅食阶段杜绝固体状食物，要渐进式增加食物体积，否则宝宝会习惯只有“一小口”的吞咽力道，只能吃软、稠、体积很小的食物，一吃到稍大块的食物，就习惯含着。爸妈可以在饭里加一点汤，有汤水的帮助，孩子比较容易吞咽。也可以在平日让孩子吃豆花、布丁，用吞咽的动作训练括约肌。

5 第一次洗澡：享受和宝宝的肌肤之亲

咨询 台湾振兴医院婴儿室护理长萧慧珠　　**采访整理** 钟碧芳

从宝宝出生，离开医院的第一天起，新手父母就需自行着手宝宝的清洁工作，包括换尿布、洗澡、穿脱衣服、剪指甲、剪头发。新生儿看起来娇嫩，却没有想象中的脆弱，只要爸妈掌握住技巧，很快就能上手。

● Lesson1：换尿布

刚接宝宝回家的一两周里，宝宝的肚脐仍在逐渐复原当中，无论更换尿布或洗澡更衣时，都必须小心照护他的小肚脐，以免擦伤这个脆弱易感染的部位。多数宝宝不喜欢屁股湿凉的感觉，会用哭泣来表达不舒服；但也有些宝宝反应并不激烈。无论如何，父母至少每三个小时或在喂奶前后，顺便检查一下尿布，满足他的舒适度，并避免尿布疹的产生。帮宝宝换尿布时，宜先以湿纸巾清洁小屁屁上的污垢，并掌握以下原则：小女生必须由前往后擦，小男生则务必清洁阴囊下方。

在替宝宝换脱尿布时，脱下后先不急着取走尿布，而是停留约三十秒，以免宝宝继续尿尿往上喷，弄湿脐带或衣服。

● Lesson2：洗澡

帮宝宝洗澡，安全比干净重要，市面上有许多好用的辅助工具（如洗澡网），可以协助父母托住宝宝不至于滑落水中。对于三个月以内的新生儿，可先以小脸盆当作浴盆，等到宝宝再大一点，父母也洗顺手后，再改换宝宝专用浴盆。

宝宝洗澡的时机最好避开喂奶前后。母乳宝宝应于喂奶前的一个小时；配方奶宝宝则应于喂奶后的两个小时再洗较佳。过程也尽量不超过十分钟。顺序可先从宝宝的脸部开始清洁，接着洗头及身体，依照从上而下、由前而后依序完成。

刚出生的宝宝活动量不大，一般来说只要用清水洗净即可，若选用沐浴乳，也尽量以配方温和的宝宝专用沐浴乳为主。此外，新生儿发量不多，只要两周清洗一次即可。

● **Lesson3：穿脱衣服**

多数宝宝不喜欢身体光溜溜。一来因为接触冷空气；二来是穿脱衣服拉扯过程中带来的不舒服。因此，穿脱衣服时，除了动作需轻柔、手脚要快以外，父母也可利用语言及动作的亲密互动，给予宝宝安全感，同时转移宝宝注意力。

帮宝宝换衣服的时间要尽量缩短。父母可先将干净衣服从里到外一件一件套好，减少分别穿的麻烦。

● **Lesson4：剪指甲**

宝宝的指甲长得快，若是过长，很容易抓伤自己。有些父母会帮宝宝戴上小手套，但此举会限制其手指活动，不利触觉发育。

爸妈帮宝宝剪指甲的难处，不外乎是担心自己会伤了宝宝的手指。其实宝宝的指甲薄，很容易修剪，爸妈不妨购买宝宝专用指甲刀，趁他熟睡时修剪，就可以轻松完成。

● **Lesson5：剪头发**

在老一辈的观念里，宝宝满月时，必须剃掉胎毛，其实这个并不是必须的。

发量浓厚的宝宝大约六七个月时（甚至更早），就可能因为头发盖住前额，而需修剪。若父母决定自己帮宝宝剪，最好使用圆头、不锐利的剪刀，请家人协助固定宝宝，会比较好打理；也可轻松一下，请美发师帮宝宝修剪，父母只要准备相机记录这宝贵的一刻即可。

6 第一次一觉到天亮：五种方法帮宝宝一夜好眠

咨询 台湾阳光天使职能治疗儿童发展关怀联盟执行长吕忠益

采访 陈珮雯　**整理** 郑怡华

新生儿因为大脑神经系统还没稳定，很容易受到惊吓，加上刚离开温暖、黑暗的子宫，外界的声光刺激以及温度变化等，都使婴儿睡得不安稳。

父母要想办法让孩子有固定的时间、固定的模式，自己入睡。尤其一岁前是培养良好睡眠习惯的关键，帮助宝宝调整作息，让他白天活动增加，睡眠减少，晚上睡眠时间就会开始加长，养成“昼出夜伏”的好习惯，渐渐的，就可以一觉到天亮。

六个月内的小婴儿平均睡眠十六到二十个小时，过着喝奶、玩一下，然后睡觉的生活。如果以睡眠周期来看，新生儿每睡两三个小时就会醒来一次；差不多四到六个月大，才可以慢慢开始睡过夜。也就是说，从白天一次两三个小时的睡眠时间，延长到晚上一次睡足五六个小时。

● 爸妈也要“戒急用忍”

宝宝的睡眠周期以四十五分钟为单位，会先进入深层睡眠，再进入浅层睡眠，这时容易做梦，然后醒来。大人在深睡与浅睡转换之间，不容易清醒，但宝宝因为神经系统还没成熟，再次入睡的速度就没那么快了。

从睡眠周期角度来看，婴儿半夜哭，父母不用马上过去，可以先暂时忍耐一下，也许他只是进入浅层睡眠阶段。这时只要轻轻拍他，或轻声细语安抚他。千万别紧张地问：“你怎么了？”父母一紧张孩子就会醒来，一旦被吵醒就得花半小时到一个小时，才可能再睡着。

半夜醒来对孩子而言非常普遍，尤其是四个月以下的宝宝。会醒来的原因很可能是因为生理因素，包括肚子饿、尿布湿了、或生病，等等；当然，也会有情绪或做梦等心理因素。

如果过了六个月还没有办法睡过夜，有时也跟孩子的气质有关。这些孩子可能较容易紧张，容易做梦惊醒，或者很怕吵，等等。父母不妨仔细观察，找出宝宝夜醒的原因。

有一个大家容易忽略的小细节，就是宝宝“入睡”的地方，应该是他平常睡的地方。不要让宝宝睡在客厅沙发上，趁他熟睡时再把他抱回卧室，这样宝宝在半夜醒来，很容易因为环境变化而惊吓不安。

● 帮助宝宝一夜好眠有五个做法：

一、睡前喝点奶：有一点儿饱足感就好，千万别喝太饱，否则容易胀气。

二、婴儿按摩：有助放松宝宝的肌肉，也可以拉长晚上睡眠时间。

三、睡眠的环境灯光要暗：不要让宝宝和爸妈待在客厅或书房睡着。这些场所的灯光明亮，有光触媒的压力，容易使孩子的生理时钟更紊乱。有报告显示，晚上经常处于光照环境下的婴儿，钙质的吸收率会降低两成半左右，缺钙会带来睡眠易醒易惊的困扰。

所以，为了孩子健康发育，晚间入睡后应熄灯。父母如果真的有事要忙，可以先假装陪他睡，等他睡着再出来做自己的事。

四、白天不要玩太疯：所谓日有所思夜有所梦，宝宝在白天玩得太过火，情绪持续保持高昂，晚上容易因过度刺激而醒来或睡不好。尤其睡前切忌和孩子玩得太激烈，一旦情绪太亢奋会睡不着。可以给予宝宝静态的睡眠仪式，如播放轻柔的晚安音乐。

五、制造低频的声音：宝宝在妈妈肚子里时，是生活在重复、低频的声音环境中，因此有些宝宝会对这类的声音产生安全感，容易入睡。若发现低频声音有助稳定宝宝，可以打开电风扇，让他们睡得比较安稳

7 第一次自己睡：先分床再分房

咨询 台湾阳光天使职能治疗儿童发展关怀联盟执行长吕忠益

采访 陈珮雯 **整理** 郑怡华

孩子多数不愿意自己睡，原因是已经习惯旁边有大人。尤其是他从小就和爸妈窝在同一张床，要训练他自己睡小床，就更不容易。

其实爸妈没有必要为了训练孩子独立，而强迫他自己睡，目前没有研究证明不独睡的宝宝不独立。若爸妈想让自己的睡眠不受孩子干扰而让孩子独睡，最好在宝宝未发生分离焦虑前训练，比较容易成功，这个时间点约在六个月大之前。等到宝宝会辨识环境时，要训练他独睡，就要循序渐进：先在同一个房间分床睡，让孩子习惯独立的空间，再安排分房睡。

亲子分房睡的关键时间点

当爸妈发现孩子的自主性格愈来愈强烈（通常在两岁之后），对自己的生活开始有很多想法和意见，可以帮他准备自己的房间，带他去挑自己喜欢的小床、寝具，一有机会就对他说："你长大了，有自己的小床，可以试着自己睡了。"先从午睡开始，让孩子带心爱的玩具陪伴他睡觉，渐渐的他会意识到自己长大了，有自己睡觉的地方。如果孩子仍然不愿自己睡，通常有三个原因：

● **精神还很好，不想睡。**这时不能让孩子继续玩，否则情绪太亢奋，更睡不着。爸妈可以陪孩子进行静态活动，如念晚安故事，或播放轻柔的音乐，缓和孩子情绪。

● **想撒娇，争取爸妈注意。**爸妈可以先放下手边工作，陪孩子展开一些睡前仪式，像是刷牙、洗脸、上厕所，"好了，我们大家都要睡啦"，再进房间培养一下情绪，在床上陪孩子数羊、或练习打呼。孩子一直没睡着，也千万不要说："赶快睡哦，不然大巫婆会来！"或是"不然我要走啦！"以免加深爸妈会离开的恐惧。

若孩子一直不放你走，不妨试着转移他的注意力。可以给他一个娃娃，跟他说："你是姐姐了，你要帮我训练娃娃，帮我陪娃娃睡。"这时，本来依附在爸妈身上的情感，就被转移到娃娃上去了，从被照顾者，变成照顾者。他会知道自己长大了，要勇敢、要照顾别人，就不会一直黏着大人。

●**怕黑。**帮助孩子克服对黑暗的恐惧，可以和孩子躲在棉被里，拿着手电筒讲故事，让孩子习惯黑暗，或准备荧光棒，甚至开夜灯。有一种可以投射到天花板的夜灯，跟孩子讲故事时，就一边讲一边调暗，越调越暗……最后就把灯关掉。孩子因为习惯，而且有爸妈陪，就会越来越不怕黑了。

8 第一次翻身/自己坐：帮助宝宝迈向立体世界

咨询 台湾前耕莘医院新店总院复健科职能治疗师郭懿慧　**采访整理** 钟碧芳

宝宝在四五个月左右，全身就开始不停地扭动，准备想要翻身。到了五六个月大，就可能在扭动的过程中，不小心从一边翻转过去，而完成翻身大事。这项成就的意义，表示他不仅有强壮的肌肉，而且上半身躯干、骨盘及肩颈的活动也颇具协调性。这对以往只能躺在小小空间、望着上方的他来说，实在是相当大的成就。

从翻身到七八个月会自己坐，九个月会爬等阶段，表示宝宝的粗动作已经逐渐发展。最明显的变化是，父母会发现他经常企图改变自己的姿势，不停地"蠕动"前进。

这时父母会遇到的困扰，除了需担心宝宝可能从床上摔落外，也因为他的小手已能伸向物体，更需特别注意，移除他周遭的危险物品。

要想协助宝宝顺利翻身，这里有四个小建议：

一、在宝宝平躺时，抬高并弯曲他的双腿，慢慢地将腿转到对侧。

二、把宝宝的头往另一侧转，再顺势推一下肩膀，这样就能带动腰部、骨盆和腿跟着转。

三、将宝宝的两脚交叉，诱发宝宝的骨盆、躯干跟着侧转，肩颈也会跟着转。

四、用有声音的玩具引导宝宝转头注视，再协助宝宝把躯干扭转，这就能完成翻身动作。

当宝宝五六个月大时，已经能在背部有支撑的情况下学坐；一直到六七个月左右，坐着的姿势都还可能是摇摇晃晃的，不太稳固。头部仍可能微微前倾，以一种三角形的方式维持平衡，且能坐好的时间不长，每次只能维持约三十秒。

● **掌握坐的诀窍**

在宝宝还不会自己坐之前，父母可以把他抱在自己的腿上，让他靠着父母的身体坐着；或将宝宝的两脚打开，让他身体前倾用两手撑着地板坐。渐渐的，他就能抓住诀窍，完成自己坐的动作。

等到约八个月大时，宝宝已经能坐得很好，且有能力把一只手握着的东西传到另一只手上，甚至可能挪动身体，朝他想要的东西前进。

不过，每个宝宝的发展情况不尽相同，如果宝宝还没能坐得很好，也不用担心，这可能表示他较不活跃。只要持续观察两三周，或给予协助，宝宝多半能在约九个月大时，不用扶持也能坐得很稳。

9 第一次长牙：乳牙蛀掉无所谓吗？

咨询 台湾林口长庚医院儿童牙科主治医师张佩菁　　**采访整理** 钟碧芳

每个宝宝长牙的时间点各有不同，通常是在6~10个月大之间，乳牙会相继萌发。不过，刚出生的宝宝也可能会出现新生儿牙。严格来说，只要是在0~12个月之间长牙都属于正常范围。但若是超过一岁还没长出第一颗牙，就需到牙科做进一步的检查。

长牙的速度快慢没有好坏，“萌牙”的长出时间并不重要，最需注意的，是把口腔清洁工作做好。一般来说，乳牙的生长顺序是上下、左右对称长出，如果顺序不对，就可能是天生性缺牙的征兆。那些空缺的位置，就会让邻牙向旁倾倒，影响日后的咬合问题。

如果太早长出乳牙，就要好好照顾，不然蛀牙也会提前报到。如果宝宝超过十二个月还未长出第一颗牙，就需带到牙科以X光片检查确认是否有牙胚，只有极少数的案例会有天生缺牙的情形。除非经检查后发现，不长牙的原因与疾病相关，原则上只要X光片上看得到牙胚，就会长牙，只是时间较慢，请父母耐心等待。

乳牙期正是宝宝开始学说话的阶段，很多发音都需要靠唇齿音发出。一旦蛀掉或提早脱落，除了说话漏风外，也无法发出正确的音准。

从长出第一颗牙开始，父母会发觉宝宝出现一些与以往不同的情况而产生困扰。例如宝宝突然喜欢拿手或东西往嘴里咬、不想吃东西、牙龈红肿微微突起、流口水、不安、轻微发烧与腹泻等。

这个时期唾液腺逐渐开始发育，在宝宝吞咽动作还不成熟的情况下，如果来不及吞，就会出现口水流不停的现象，有时轻微的咳嗽也是因为被口水呛到所导致。这时要勤帮宝宝擦拭，或在脸颊旁擦拭凡士林，隔绝口水刺激宝宝细嫩的皮肤。

- **乳牙蛀掉，恒齿发育不良**

虽然宝宝长大后还会经历换牙的过程，但乳牙的好坏会影响日后恒齿的发展。如果在恒齿发育完成前，乳牙就先蛀掉或脱落，就会导致左右牙齿倾斜，恒齿就无法正确长出；蛀牙严重时，发炎情况侵蚀到恒齿牙根，也会造成发育受损及牙釉质发育不良等问题。因此想要拥有一口好牙，口腔的清洁工作非常重要。

还没长牙前，宝宝的口腔内都是黏膜，虽然过去文献显示，只要长了第一颗牙就有机会蛀牙，但有更新的文献指出，三个月大的宝宝口腔内，就已经有蛀牙细菌的踪迹，所以口腔的清洁应该要从还没长牙就开始。

在长牙前，父母可将纱布毛巾套在食指上，沾水擦拭清洁整个口腔，包括舌头、脸颊内侧的黏膜位置等。除了清洁外，同时也要让宝宝熟悉有异物进入口腔，将来也就不会排斥刷牙。

到了第一颗牙长出时，除了沿用长牙前的清洁方式，也要开始用软毛牙刷，帮他清洁牙齿。宝宝不容易让爸妈乖乖刷牙，此时需要用点技巧。可以让宝宝的头靠在爸妈大腿上，或让他躺在床上、沙发上，在安全舒适且明亮之处，爸妈其中一人把他的上臂夹紧，另一人从宝宝的头顶上方俯视宝宝的脸，与宝宝的脸颠倒相对，才好刷。

如果只有一人照顾，不容易安抚宝宝，不妨用浴巾将宝宝包覆起来，或大人跪跨在宝宝上方，如此，孩子的手挥舞时，成人的双腿可以稍加阻挡，比较能够成功刷牙。

在每次吃完食物后，父母一定要坚持帮宝宝清洁牙齿，这不仅能保持乳牙健康，也能养成他日后看牙医时愿意主动张口的勇气。

10 第一次抬头/用手撑起自己：准备床边玩具，刺激发展

咨询 台湾前耕莘医院新店总院复健科职能治疗师郭懿慧 **采访** 钟碧芳

到了两三个月大时，宝宝一些无意识的反射动作会较平稳，且被具意图性的动作所取代。最明显的进展，则是在没有父母的协助下，已经可以靠自己的力量抬起头。

这项惊人的进步，代表宝宝能开始控制自己的身体活动，颈部肌肉的发展也变得强壮许多，让他有更多的能力探索这个世界的美妙。

但这个阶段他仍然无法完全撑起头部。当他可以用手撑起自己，像乌龟般抬头时，必须等到四五个月大，才能做得很好。因此父母仍需小心翼翼地协助他，给他支撑的力量。

两三个月大的宝宝，已经不像刚出生时那样软趴趴，新手父母也已渐渐熟悉自己的宝宝，使照护工作顺手许多。但从这个阶段起，会开始面临宝宝身体及心智的成长发育有无跟上进度？有没有跟其他宝宝同步？

每个宝宝的成长发育，受到遗传及环境的影响，而有不尽相同的速度及顺序。每一段过程都有其顺序，且逐步发展。如果其中某项发展慢了一两个月，父母也不要心急，可先试着给予刺激与训练，再细心观察核对“婴幼儿粗动作发展量表”（见P180婴幼儿发展里程碑），评估宝宝的落后程度是否在容许范围内。

抬头的动作必须配合颈部成熟，是肌肉骨骼与脑部神经协调所得的结果，对宝宝来说，意义非凡。这将会影响其他自主动作的发展，也透露出健康的信息，让他循序渐进地朝向下一个成长迈进。

● 俯卧时，父母需随侍在侧

这个阶段开始，宝宝喜欢注视，上臂肌肉逐渐有力，会伸手想抓取东西。父母可以在婴儿床上，悬挂一些垂吊且色彩鲜明的玩具。也可在他的手或脚附近，放置些安全、固定、可让他手脚碰触的玩具，借此刺激宝宝发展。

宝宝俯卧的姿势能让颈部肌肉张力提早建立，也有助于练习抬头及翻身，但父母需随时陪在身旁，注意安全。此外，在训练宝宝抬头时，可以试着在他的正前方用声音吸引他的注意力，诱导宝宝抬头。

到了四五个月大时，宝宝的作息日渐规律，当他以腹部朝下的方式俯卧时，头、胸已经可以抬离床面，或伸展手脚，出现类似“飞翔”的姿势；有时也可能仰起头来，用手撑起自己四处探看，这对宝宝来说，是一项全新的挑战。如果背后能有支撑时，宝宝就能很顺利地采取坐姿，不过仍会东倒西歪，还是需要父母的协助。

无论是翻身、爬行或走路，宝宝首先要能控制他的头部。在他能用双手撑起自己时，表示他能使用上背部的肌肉及手臂将胸部抬起，即上臂肌肉逐渐有力气了。同时，即使是躺着，他也常会举手并凝视自己的小手，或者伸长手臂想抓取身旁令他感兴趣的东西。

在这个阶段，父母可以趁宝宝清醒时，让他以腹部朝下的方式趴卧在床上，借此训练他颈部与背部的力量，或者利用一些小游戏鼓励他做抬头、低头的动作。如果宝宝做得还不是很好，也可以把毛巾卷起来，放在他的腹部下方作为支撑，让他的前臂撑地，诱发他把身体撑起来。

不过，从这时候开始，宝宝的肢体肌肉动作发展快速。发展较快的宝宝可能已经在学翻身了，这也表示他可能随时会从床上跌落，父母要小心留意，布置安全的空间，也让他有足够的空间进行肢体探索。

11 第一次爬/站/走路：多溜滑梯，走得好

咨询 台湾阳光天使职能治疗儿童发展关怀联盟执行长吕忠益

采访 陈珮雯　**整理** 郑怡华

到七个月会坐，九个月会爬，一岁开始学走路，这是一般婴儿生理发展的进程。

通常宝宝在六个月大就很会踢，尤其是被大人抱在腿上时，腿会一直蹬，这是在训练膝盖和下肢站立的力量。

等到他自己可以扶东西站起来，这时的腿肌力已经有很大的进步。差不多再六个月到一年左右的时间，当他有一定的协调及平衡感，就能真正放手走路。

大部分一岁半的幼儿都可以独立走路。一些不敢放手走的孩子，不是没有力气，而是怕跌倒。这可能是感觉统合里的平衡问题，或者协调性不好，当然也有可能是练习不够，使得本体感觉（感知与控制自己身体动作的能力）经验不足。这时，父母的介入可以帮他尽早进入状况。

提到宝宝第一次站和走，得从“爬”开始说起，尤其“站”和“爬”是密不可分。“爬”这个动作，是宝宝主动探索环境的第一个方式，所以教育心理学家皮亚杰提到，孩子会爬之后，独立性格开始出现，会发展出自己的想法及主观意识。

如果婴儿期爬得不够多，会影响日后的动作协调，也许是走路容易跌倒，或是学自行车、体操等肢体控制能力较差。到了小学，在学东南西北等方向性概念、或数学的乘除等逻辑时，可能会比较辛苦。

而现在都市的孩子没地方可爬，能跑跳活动的空间也不多，在临床上的观察，这也是现在有“学习障碍”的孩子比以前多的原因。

● **宝宝挪移三外力：吸引力、托力、推力**

如果孩子不爱爬怎么办？爸妈可以拿东西诱使他，将他喜欢的点心或玩具，放在前方不远处。等他开始移动身子，物品也跟着慢慢移动，爬行一小段后，再让宝宝成功抓取到他喜爱的物品。透过几次成功经验的建立，宝宝会逐渐习惯爬行。

不愿爬的孩子，手部肌肉发展通常没有问题，但骨盆和大腿的协调动作待加强，两者还无法顺利进行交替动作。这时爸妈可以稍微推一下宝宝，把其中一脚往前推，等他到定位后，再帮他推另一只脚。

孩子多爬，自然而然就会想要扶东西站起来。因为爬所能看到的视野比较低，扶着站起来视野高。幼儿最喜欢扶桌子站起来，因为大人在桌上吃东西，他也想站起来看看桌上有什么。

要让孩子学站或走，可以运用桌子，因为桌子最安全。爸妈可以沿着桌边放些饼干来吸引他，等他爬到这边，顺着桌边要拿饼干时，就用手将宝宝屁股托一下、推一下，这样他就站起来了。

想鼓励孩子放手走路，有一派的感觉统合学家认为，多玩溜滑梯及荡秋千很重要，因为这些可以刺激前庭，帮助他们学习身体控制。爸妈可以常抱着宝宝溜滑梯及荡秋千。爸妈也可以利用桌子让宝宝学走路，同样用饼干鼓励宝宝挪动身体过来拿；或让宝宝先用两只手扶着墙壁，爸妈一手撑着他的腋下，一手推他的屁股，让宝宝有辅助的力量，可以跨出去。

当他能沿着墙壁走之后，爸妈可以多牵着他走S型。因为转弯时，脚、膝盖和小腿为了平衡，单脚瞬间承受了两倍的力量，这样就可以训练肌肉的强度及平衡感。

事实上，S型走得好，走直线就不容易跌倒。爸妈可以牵着他，故意走个几步、转弯走几步、再转弯，这样可以给他平衡刺激。

12 第一次戒尿布/尿床：别惩罚孩子的身不由己

咨询 台湾前耕莘医院新店总院复健科职能治疗师郭懿慧　**采访整理** 钟碧芳

对两岁至四岁的幼儿来说，尿床可说是相当普遍的现象。根据临床观察，三岁的幼儿仍然有40%会尿床，而且有约10%左右的孩子会一直持续到六岁，甚至更大。一般来说，平均在一岁半至两岁左右，父母才会发现宝宝午睡起来时，尿布是干的，从这个时期开始训练孩子戒尿布也比较能成功。

只是多数的孩童需在三到三岁半左右，才可能控制膀胱及括约肌，不会在晚上尿床，成功摆脱屁屁上的尿布。

对于孩子来说，戒尿布是学习独立的重要课题，一旦成功就值得给予肯定。

父母不要过于心急，因为懊恼的情绪会感染给孩子，让他更排斥；反而要以鼓励的态度，从旁协助他度过尿布期。

● 持续尿床影响日后人际关系

当爸妈发现白天孩子的尿布在三四个小时及午睡起来后，都是干爽的，就可以尝试在白天戒掉尿布。在这段期间，爸妈每隔两三个小时，需带幼儿去上厕所，同时鼓励他开始学着表达自己想尿尿。渐渐地，当幼儿有尿意时，白天就能自己表达。

不过，幼儿膀胱控制能力仍未成熟，有时已经表示想上厕所，却还来不及走到厕所就尿裤子了。此时，爸妈应避免露出不悦的情绪，而是鼓励孩子愿意表达的行为，并告诉孩子，下次再早一点点说，就来得及跑到厕所了。

晚上睡觉戒尿布后仍然尿床，是幼儿常见的问题。但随着孩子日渐长大，若仍持续尿床，对孩子来说，不仅会影响心理，也会对自我意识及自尊心产生负面作用。若持续没解决，时间一久，孩子会变得退缩、内向、没自信，这将影响他日后人际关系的发展。其实，尿床本身不是病，不会影响健康。大部分会尿床的孩童泌尿系统也没有异常，通常是因为他膀胱的括约肌尚未成熟，控制能力不好所导致；有时也可能是伴随其他神经发育较慢所显现出来的症状。无论如何，尿床并非单一因素所引起。

一般来说，当孩子的膀胱发育成熟，可以连续8～10个小时蓄存尿液时，自然就不会再尿床。只是，这取决于每个孩子的生理发展速度，即使是父母也无法从旁使力。

父母可以做的是，透过平日训练，来加强孩子膀胱括约肌的功能，增强他排尿的自主控制能力。例如，在孩子白天清醒时鼓励多喝水，增加膀胱贮存量；且白天训练孩子排尿时，中途先停一下，再继续排尿。

若孩子白天有尿失禁的现象，需带去医院详加检查，看看是否有感染、先天构造异常等隐性疾病。必要时，医师也会采取药物治疗来解决他的尿床问题。

如果孩子六岁以后，还是持续或偶发性尿床，父母除了不要羞辱及责罚他外，还要有耐心地帮他找出原因。毕竟孩子也身不由己，这时，鼓励会比处罚有用。

想要成功击退尿床，其实不难，只需要在日常生活上多加注意、调整，就能有效改善。例如，在睡前提醒他先上厕所再上床，睡前三小时内尽量不要喝利尿的饮品（如西瓜、汽水等），或者爸妈半夜起床时顺便叫醒孩子去上厕所等。当他连续几天没尿床时，可以适时给予鼓励。

13 第一次运动：用小成本打造好脑力

咨询 台湾前耕莘医院新店总院复健科职能治疗师郭懿慧　**采访整理** 钟碧芳

孩子大约在2~3岁之间，将更能灵活控制许多与肢体相关的动作。这时可借由运动游戏中的攀爬、爬行、转圈、溜滑梯及跳跃等项目，学习各种上去、下来、进出、上面、下面的基础空间概念。

到了五岁时，孩子就已经可以运用综合视觉、平衡、方位及触觉的讯息来协调肢体动作。这时，双腿也变得更为有力，一些跑、跳、滚动、抛掷的动作也更加熟练。

六岁左右的幼儿，开始能掌握一些细部的运动技巧。虽然训练时间仍不宜过长，但已经能接触足球、棒球、溜冰、游泳、田径、健身操等运动。

美国幼教学者威尔曼表示，游戏可以促进幼儿运动能力，并培养体力，以备将来适应现代社会，使生活健康有力。而适度的运动，不仅能训练幼儿在大肌肉、平衡感、手腕能力及小肌肉的发展，也能奠定专注力及记忆力等学习基础。

有研究发现，运动能增加神经传导物质的含量，调节大脑注意力系统的运作，提升幼儿学习过程的注意力；同时，适量且规律的运动，还能促进大脑神经细胞的新生，提升记忆力。此外，与幼童成长密切相关的感觉统合中，能让身体保持平衡的前庭觉，以及可建立自我身体形象概念的本体觉，也都需要靠运动的刺激，才能达到最适度的发挥。由于行动、思考与脑部的运作息息相关，因此许多幼教专家都会建议，只要给予幼童充分的感官刺激，让他的感官意识可分析、处理身体所面临的各种事物，智力就能透过这些感觉的统合与衔接而增长。

对父母来说，提供幼童适当的运动，除了有助于幼童肢体的发展，也可提升日后的学习能力。运动能造就孩童的团队精神，尤其对学龄前的孩子来说，经由各种运动训练的过程，确实能发展出与同伴合作的成长经验。不过，父母不需一味强迫孩子受训练，而是顺应其发展，选择最适合的运动，才能在培养发展强健体魄外，达到心理、生理及社会成长的目的。

EMOTION

3

关于宝宝的情绪发展

EMOTION

1

读懂宝宝的情绪脑

文 台湾新竹教育大学幼儿教育学系副教授周育如

采访 李宜蓁　**整理** 张则凡、陈雅慧

“无论什么事让我感到难过或高兴，我都能自由地表达，不必为了取悦谁而面带笑容，也不必为了别人的需要而压抑我的烦恼和忧虑。我可以生气，没有人会因此死去或是头痛；当你伤害了我的感情时，我可以大发雷霆，却不会因此失去你。”这是著名的儿童心理学家艾莉丝·米勒（Alice Miller）为孩子的幸福下的定义。

婴幼儿出生后，脑部神经元快速地发展，但神经元之间的联结还没有很清楚地建立起来，婴幼儿在与主要照顾者的互动过程中，会慢慢形成亲子之间的依附模式，这些依附互动的经验就会成为他脑部结构的基础模式，这个模式将会影响孩子如何面对环境与他人，因此情绪发展对婴幼儿初期脑部发展来说，相当重要。谈到幼儿的情绪发展，一般从三个面向来思考：

一、情绪的表达；

二、情绪的了解；

三、情绪的调节。

1 情绪的表达：事关婴儿生存

婴儿一出生就有情绪，舒服的时候会露出高兴的笑容和舒服的声音；不舒服的时候会叫、会哭。也就是说，婴儿在很小的时候，就有一些模糊但还不是很分化的情绪。婴儿透过表情、声音、动作，把自己内在生理状态和感受沟通给外界知道，我们称它为“情绪的表达”。这种情绪表达使婴儿的照顾者可以了解婴儿的状态，对还不会说话的婴儿而言非常重要，事关他的生存。

婴儿的哭分很多种，无聊要人跟他玩的哭、肚子饿的哭、大便的哭、不舒服、身体疼痛的哭，等等，每一种哭的声音和方式都不同，表达的是不同的讯息。不只是哭，笑对婴儿的生存也很重要，婴儿出生不久，父母就可以在婴儿睡梦中观察到反射性的笑容；两个月左右，婴儿开始出现社会性的微笑，婴儿的笑容对照顾婴儿者有一种特别魔力，引发照顾者对婴儿产生强烈的吸引与喜爱。

哭和笑，都是情绪表达，也是柔弱无助的婴儿与生俱来的非常重要的配备，靠着情绪表达会大大增加婴儿生存的机率。婴儿7~9个月大之间，开始会去认定特定的依附对象，通常是他的母亲或主要照顾者。这时他的语言能力还非常弱，顶多能发出“爸爸”、“妈妈”简单的音。但是他对周遭环境的探索已开始，那他怎么知道周遭环境代表的意义呢？正常发展的婴儿看到新的事情，第一个动作是转头看妈妈的表情，若妈妈带着鼓励的笑容，婴儿会去尝试，反之若是妈妈透露出阻止的神情，婴儿则会却步。这种“社会参照”的能力，使婴儿可以借由妈妈的情绪讯号了解周遭环境的意义。

到了第二年，宝宝跟人的互动增多，情绪分化更复杂，发展出第二层的情绪，不再是纯粹生理上高兴、愤怒或不舒服，开始有嫉妒、害羞、不好意思、退缩、想要又不敢要那种比较复杂的情绪。

2 情绪的了解：在四岁时大跃进

大概在四岁左右，小孩在情绪理解上会有很重要地翻转。他开始意识到情绪不只是一个行为或表情，而是内在的主观状态，这种心智性的情绪理解是孩童情绪认知上非常大地翻转。这个阶段问他："收到礼物会不会高兴？"他会回答："不一定，要看礼物喜欢还是不喜欢。"这时不是事件决定情绪，而是透过对事件的主观判断来决定情绪，心智性的情绪理解就此展开，等于是情绪发展上的重大进步。

为什么到了四岁，会有这样子的改变？第一，年龄当然是主要的因素；第二，可能是因为认知的成熟；第三，还有一个非常重要的就是社会互动经验的累积。

从出生到三岁左右，是大脑神经回路开始建立运作模式很重要的黄金期。0~3岁这个阶段，随着跟人互动的经验，互动回路会建立起来，影响孩子将来如何去对外在环境做反应。生命早年若是遇到情绪上严重的创伤，这个创伤会影响脑部的发展，将来要修复就比较困难。

从一些脑部造影的研究中推论出，情绪发展在生命早期似乎有很重要的黄金时期。这个情绪窗口很早就关闭了，一旦在情绪窗口关闭之前，给了一个很不好的创伤，这个东西就会影响他未来的生命；长大以后当他遇到情感关系时，创伤经验会带来负面的影响，而且很难被修正。

在童年阶段，虽然孩子还不是很了解这个世界上感情是怎么一回事，但那时学到的互动经验，在我们日后一旦面临人生重大情感事件时，很可能会"再现"。也就是说似乎在幼儿早期某些很重要的情感互动经验，不管是我们有意识到或没意识到，可能成为我们成年以后情感互动内建的模式。

对孩子来说，情感和情绪的发展，攸关一生的幸福，所以父母们希望孩子追求的是幸福的人生，而非只是成功时，也许更重要的是，去看重他早年情感关系的建立，是不是建立在一个健康、合理的模式上。

如果孩子小时候得不到情感的满足，比方说母亲得了产后忧郁症、受虐儿，或是有不敏感的照顾者，恐怕终其一生都要不断在伴侣关系、亲子关系中不断地被伤害和伤害别人，而且恢复不易。但是，如果小时候受创的时间不那么长，不那么严重，及早发现、及早治疗，还是有可能恢复。

有些孩子如果早年受虐被送到安置家庭去，安置家庭的父母若能不断地让孩子体会，“不管怎么样，你还是被爱”，这样孩子还是有机会复原。但是情感的复原真的很不容易，这也是为什么情绪在早年异常被强调。

情绪发展的早年时期，给孩子建立一个安全的情感模式，这个孩子将来很可能很乐观、很有挫折容忍力和复原力。就像是以生理来说，发育期父母如果注重营养和调理，小孩将来身体发育好的机会自然就比较高。

3 情绪的调节：“好修养”可能降低了幸福感

老一辈的父母比较压抑情绪，这跟中国人的文化有点关系。中国人推崇修养，但所谓的修养有时是“泰山崩于前而面不改色”、“喜怒不形于色”，就是没有什么激烈的情感反应，我们认为这样叫做“修养好”。但是换个角度来看，这种修养也许只是反映出这个人因为经历长期的情感压抑，不擅表达自己的感情。

华人的父母花很多时间规范孩子的行为，在亲子言谈的研究中发现，父母对孩子有很多行为上的说明、要求或是教导，但都是针对外在行为，内在的情感跟想法的讨论，很明显少于西方国家。

也就是说在长期的压抑跟忽略下，孩子弄不清楚自己真正的情感状态，怎么样叫做合宜的情绪也无法掌握。东方文化中常常提醒小孩“得意不要忘形”，就是说高兴，也不要太高兴；难过也不要太难过。长期下来，人对情感的感受力差、表达也差，然后还自认为很有修养。

除了对孩子，反映在婚姻上也是这样，华人的婚姻是所谓的“高稳定、低满意”。因为大家在情绪表达上太弱了，从小成长历程中对于情感的忽视和压抑，导致在进入真正重要的情感关系时，不管是亲子关系还是夫妻关系，人们都在情感关系这一块处理得很薄弱。

因为练习与运作的机会少，不知如何自我辨识，也不知如何辨识他人情绪。某种程度上可以说，人们的幸福感降低了，所以情绪的影响层面很大。

还有，在东方文化中教养小孩时，常常耳提面命“小孩子不要太宠他”、“小孩子不要太黏妈妈”，整天黏着妈妈长大的男孩被讥笑为“娘娘腔”、“长不大”，等等。大家不喜欢孩子过度黏着父母，认为父母要尽早让孩子学习不要黏妈妈、要学独立。但实际的研究却发现，早年跟父母有很紧密情感联结的孩子，反而能够及早独立。而那些情感需求始终得不到满足的孩子，在将来的人生中，得不断地在各种关系中，去寻求那个心中始终没有被填满的空缺，所以他的外表和行为虽然独立了，但心理上却一直没有独立。

研究的结果表明，安全依附的孩子独立和探索的行为，出现的时间早、量也多；反之那些在依附上不安全、爱没有被满足的孩子，就整天黏在爸爸妈妈身边，因为他深怕一放手这个人就不见了、不要我了，因为他在情感上得不到满足，爱得不到满足，因此探索行为出现得晚，探索行为也少。

所以如果希望孩子早一点在身心方面都能够真正的成熟独立，就要给他爱的满足，而不是及早剥夺他爱的需要。

很多父母恐怕对自己的情绪也不太清楚，比如说常常有父母看到小孩跌倒了，心里明明是担心，但当场反应却是生气，“你为什么不好好走？”甚至揍他。这种状况是父母情感表达的不当，当场应该说，“有没有受伤？”先表达关心，再表达“走路要好好走，受伤会让妈妈很担心”，而不是以愤怒的情绪去取代焦虑。

4 父母是最重要的情绪老师

换个角度来说，因为孩子的缘故，父母得以重新被教育，重新去修复自己成长过程中的失落。父母在想要帮助孩子、教养孩子的同时，其实也在重新教养自己，这是一个很棒的互动关系。因为父母常常为了孩子而学习，但是常常最大的受益者最先是父母自己。

父母和教师若是能够体认到儿童情绪能力的重要，适当地给予引导，儿童可以发展出较成熟的情绪能力。孩子小的时候，当情绪发生时，父母可以先描述情境，再以适当的情绪语汇标示出小孩当时的情绪状态。譬如，“弟弟弄坏了你的玩具，你现在一定很生气。”这时小孩就学到，目前这种激动的状态叫作“生气”，生气原因是因为弟弟弄坏了玩具，下一次他就会学会告诉父母：“我很生气，因为弟弟弄坏我的玩具，”而不是一味的大吼大叫或是哭闹。情绪语汇的学习非常重要，可以帮助孩子把内在感受正确而清楚地表达出来，并与他人进行情绪的沟通。

当孩子学会足够的情绪语汇可以进行情绪的沟通时，父母和老师就可以进一步引导孩子去认识情绪的本质，帮助孩子了解情绪不见得是情境决定，主要关键在于当事人对情境的解读。

父母可以引导小孩去想：“或许我们不能改变情境，但是可以改变自己对于情境的解释，因此，外在事件不能决定我的情绪，反而是自己可以学着去处理自己的情绪。”情绪是上天给人最美的礼物，不论是喜怒哀乐，都让人们有机会深刻体验人生的滋味，情绪的学习是一生的历程。但愿每个孩子在年幼的时候都可以依照他真实的情感被接纳，得到适时适当的帮助，从爱中得到真正的自由。

EMOTION

2

宝宝情绪发展的七个关键第一次

1 第一次被拥抱：抱得够才被爱得足

文 台湾友缘基金会副执行长黄伦芬

“记得我还在产台上，听到哭声后，护士就把全身都还是血的胎儿交给我。第一次抱着孩子，觉得他好轻，那时好紧张，眼睛忙着看孩子的全身，看到四肢五官都很健全后，整个人才安心。

胎儿被清洗干净后，我抱着他喂奶时，我好感动，觉得孩子很神奇，虽然脐带被剪断，但是似乎有一股力量，让我们分不开。”

有一个研究将出生6～12小时的小猴子与母猴分离，养在实验室中。实验室里有两只假母猴——配戴奶瓶的“铁丝妈妈”与没有配戴奶瓶的“绒布妈妈”。

在观察小猴子和妈妈们互动时，发现在肚子饿时小猴子会去“铁丝妈妈”处吸奶，其他时间都是和“绒布妈妈”拥抱在一起。实验显示出，妈妈给孩子的不只是喂食，还有身体紧密接触的舒适感。

● 拥抱是亲子联系的触媒

相同的，人类的婴儿要正常发展，除了食物之外，有些需求必须被满足或至少得到响应，母子联系是重要需求之一。

客体关系理论也认为，幼儿不是单独存在的，一定要从妈妈与幼儿的角度来看幼儿的成长过程。母子的关系，不只单纯从身体需求出发，更重要的是存在双方复杂的相互情绪需求，也唯有这种经验，才能构成幼儿对自我完整的认识。

拥抱就是亲子联系的触媒。当妈妈抱着幼儿，幼儿也会靠在妈妈身上，表现出对妈妈的信赖。有时幼儿会回应妈妈的拥抱，如注视着妈妈、抓住妈妈的手或在妈妈的胸前蠕动，这些动作也会增强妈妈对幼儿的感情。

幼儿若被忽视、冷落、指责、批评、嘲笑或身体不曾接受足够的触摸，母子联系的缺乏，将使幼儿有精神上和身体上的损伤，甚至导致死亡。

简单来说，拥抱是亲子联系的表现，是“我喜欢你、愿意亲近你”的爱的行为，更是一种良好的教养方法。

有些父母本身的个性较内向、含蓄，不习惯表达感情和身体接触，或是较容易担心、紧张，这让他们不知如何拥抱幼儿。因为有爱，父母才愿意去学习、调整、做出对幼儿有帮助的事情。那些面向不但能让父母有机会实现对甜蜜家庭的理想，也能让父母在学习拥抱孩子的同时，更懂得关怀自己。

拥抱可以是具体的动作。妈妈的心跳声是幼儿最熟悉的一种声音，将幼儿抱紧，让他的耳朵能贴近妈妈的心脏，幼儿的心会安定，也会睡得更安稳。

平时，温和地触摸肢体、温柔地和他说话、看着他、对他微笑、和他游戏。

有时候，爸妈也可以提供心理上的拥抱。试着解读幼儿声音的含义，如哭声是肚子饿、生理不舒服、尿布湿了、想睡觉、希望有人陪？并以回馈和同理的方式提供心理上的拥抱，如："尿布湿了，不舒服，妈妈帮你换尿布。"父母能响应孩子的现况，会让幼儿觉得有人懂得自己的感受，并透过父母的了解来认识自己。

● 不该打扰时爸妈也要克制

足够的拥抱是重要的，但是"该给的时候给"、"不该给的时候不要给"，这才是对婴幼儿最好的成长环境。

有时父母回家时，幼儿已经睡着，因为大人想和幼儿互动，去玩弄睡着的幼儿，等被干扰的幼儿大哭后再安抚入睡；或是幼儿试着将拇指放在嘴巴中却一直不顺利，幼儿并没有哭，一直在尝试，父母因不忍心便直接将拇指放在幼儿口中；或幼儿安静地躺在婴儿床上、看着转动的八音盒、自在地探索玩具、寻找东西时，父母过度热心的反应，反而会剥夺幼儿学习和自己相处以及面对失落的机会。

2 第一次笑：陪伴、抚慰、对话打开笑容

文 台湾友缘基金会专任老师杨淑芬

“宝宝在对我笑呢，哦，你在笑什么啊？我在笑，你也在看着我笑啊！”似乎感受到大人响应的婴儿牵起嘴角，大人也开心的逗起襁褓中的婴儿。

的确，婴儿的微笑会造成美妙的良性循环。有趣的是，刚出生的婴儿只有分辨明暗的能力，三个月大的他们视力约有0.1，是看不到别人在笑的；社会能力尚未发展的他们也不会响应外界。

由于中枢神经的作用，婴儿出生不久便会出现自发性的微笑，这经常在熟睡中出现，是没有意识的反应，传统则有一说这是床母在逗弄婴儿。之后，婴儿会渐渐因为愉悦而有自发性的微笑，这份愉悦来自于生理需要的满足；或感觉父母亲来了而有所期待，这常发生在2~3个月大时。

感到快乐的婴儿开启了初次有意识的微笑，父母一定不想放过这难得的一刻，如果这时可试着语言化他的情感，或以身体轻轻的抚慰来响应，会让婴儿延续无数次的微笑。研究显示，能对照顾者抱以慷慨微笑的婴儿，会比笑得较少的婴儿更能与照顾者建立良好关系。

● 帮忙孩子笑口常开

笑口常开的婴儿会让人感觉健康、满足、乐于亲近，怎么帮忙孩子笑口常开呢？除了让婴儿得到生理上的满足外，陪伴、抚慰、对话等依附关系的建立，是最能增加婴儿喜悦的机会，这样的机会一多，孩子自然开朗爱笑。对如何培养开朗有笑容的孩子，可朝下列方向来做：

一、父母能自我照顾，让自己有心力传达对孩子的爱：养育孩子是件辛苦的事，半夜要喂奶、换尿布，还要绷紧神经注意新生儿的状况，父母常会睡眠不足，这时大人的自我照顾很重要。为婴儿做事时，若能尽可能的把握和他说话的机会以传达对他的爱，这会大大安定婴儿的心情而影响婴儿表情。

当婴儿渐长，看着母亲的脸却不笑又没表情时，母亲需留意是否因为自己太累，而表情僵硬，影响了孩子。六个月大的婴儿若没有明显表情，则需留意在智能方面是否有状况。

二、情绪的共感：初生婴儿一定是肚子饿了哭，吃饱了睡，这时他所能获得的满足感是在喝完牛奶后。但如果母亲在这时离开，满足感会减半，因为他跟大人一样，感到高兴时，也希望有人能够分享他的喜悦。

若喂完奶后，可以跟婴儿说说话：“喝饱了，满足了，好开心吧！”那么他的喜悦将会增加。这种母亲与婴儿的共感，也是日后孩子同理心的发展基石。

三、满足孩子的生理与心理需要：整天包着尿布的婴儿会有压迫感，因此当换尿布时，若能让他的手脚充分活动五到十分钟而不急着裹上尿布，这种自由活动的机会能让孩子产生莫大的喜悦，心里视你为了解他需要的人。

满三个月的婴儿，头部就能挺立了，父母若只以能看天花板的横躺方式来抱，他会渐渐感到不满足。若能垂直地抱起婴儿，他可以和父母在短距离相识而产生安全感，也能看到从没有看过的景物，开始跟周遭环境有进一步地接触，引发好奇心与满足，受到更多外界的刺激，丰富的表情也容易挂在脸上。

四、外界适当的刺激：五个月大左右，只要有与平常不一样的事出现，婴儿就会觉得好笑，不过有时这笑声也有可能是对外在环境感到不安的紧张反应。这时逗他笑是很容易的事，如打喷嚏、出怪声。

五、回应孩子的情感与行为：婴儿的行动范围会渐渐增加，对世界好奇的他们会着手做他们能力可及的事，如：抽卫生纸、撕纸，完成后会观察父母，大概是想把完成一份工作的喜悦传达给父母吧。爸妈不妨扮起笑容回应一下：“你在撕纸啊，妈妈看到了！”精神医学学者葛多和高德柏（Gedo & Goldberg）认为，婴儿所需要的同理除了生理上的照顾外，当他传递信息时，能得到妈妈的反应会让婴儿产生莫大的喜悦。

此外，父母配合婴儿做出应答性响应，如出声即报以微笑、伸手即回以拥抱、高兴的活动时即用声音响应，如此在婴儿记忆中会记住父母是亲切的，对于这亲切的对象，自然会回以这世界上最亲切的反应——微笑。

3 第一次哭不停："哇哇"背后想要更多关心

文 台湾友缘基金会临床部主任林淑棻

出生三周的星星，每到傍晚固定上演哭得呼天抢地的戏码，他既不是肚子饿、也不是不舒服或尿布湿了，大人使出浑身解数都无法安抚他。有人不禁怀疑星星是不是中邪了，但是过了这段时间，星星又判若两人，比一般宝宝吃得更快、更好。他为什么哭那么久？

宝宝出生时没有语言，上天赋予他们最大的礼物是哭，有人形容哭是"促进依附关系"的行为，哭吸引大人猜想宝宝的需要，当宝宝的需求被满足后，会马上安详得像天使，还会形成安全的依附：我是重要的、有需要时有人会真心对待我、大人及世界是安全的。

哭是宝宝与外界重要的沟通管道，但是有些宝宝易在傍晚（约6~7点）出现手脚乱蹬、双拳握紧、面部扭曲、嘴巴张大、双眉紧闭、愤怒、肚子鼓得硬硬的、手臂紧缩胸前，这种现象为"肠绞痛"。肠绞痛不是指内脏的疾病，而是宝宝无法适应环境，形成的愤怒及绝望，而呈现出身心不适的症状。

● 先辨别是肠绞痛还是高需求？

如何确定宝宝是否有"肠绞痛"？如果宝宝出生后三周开始，没有生理因素，白天都很好，却在傍晚出现阵发性无法安抚的哭叫，每天超过三小时，一周超过三天，持续三周，就是"肠绞痛"宝宝。

"肠绞痛"易在傍晚发生，刚出生的宝宝未发展出自我安抚的功能，加上他们努力在白天配合及适应环境，到傍晚达到了极限；加上妈妈接近精疲力竭，体内的泌乳激素（又称毅力荷尔蒙）及肾上腺荷尔蒙（影响妈妈应付宝宝的能力），在六点时都是最低，傍晚对母子的身心都是一大考验。

"肠绞痛"的症状在六到八周最严重。当宝宝三个月后，眼睛看得较为清楚，会被新奇、好玩的事物吸引，加上自我安抚技巧的发展（吸手指、目光接触、挥动手臂双腿），50%的宝宝症状会消失，六个月有90%消失，6~8个月逐渐消退。如果超过三个月，大多由生理引起，如牛奶过敏不适应症，需要请医生加以诊断。

另一种宝宝也容易哭很久，他们易受外界干扰、被惊吓，超级敏感，很难被安抚，适应缓慢，对陌生人有高度焦虑，称为“高需求”宝宝，表示宝宝需要大人的关心比一般的儿童更高。

高需求的特征还包括：不能丝毫延迟满足他们，若不是他们想要的东西，会坚持哭泣到被满足；感受特别深，反应也特别大，喜欢黏人，易排斥妈妈的替代品，喜欢被抱与人亲近；有高活动力，即使喝奶，也动不停，整天都要吃奶，需要长时间吸吮，令人精疲力竭；接受安抚的方法不固定，有时有效，有时无效；经常醒来，不需要太多的睡眠等。这些宝宝虽然很难捉摸，很难满足，但是他们却也易发展出善解人意、有同情心、易建立深刻而持久的感情、聪颖过人等特质，长大后会光芒毕露。

面对爱哭的宝宝，父母可以用几个技巧克服：

● **安抚爱哭宝宝的三个方法**

一、背着宝宝：由照顾者在宝宝出生一、二周，将他们背在身上，提供像子宫一样温暖及舒适的环境，有助稳定宝宝的情绪。很多人担心：宝宝一哭就抱他们，会不会被宠坏？其实不会，让宝宝感受到安全，安抚他们是此阶段最重要的发展目标。

二、闻哭起舞：宝宝出生前三个月哭泣时，可以让宝宝贴在自己的胸前，头贴在妈妈下巴到胸膛中间的凹陷处，让耳朵贴近心跳；规律地拍宝宝的背或抱起宝宝轻柔地来回摇晃、上下晃动，每分钟七十下，和子宫血流的脉搏一样，轻轻哼唱，有助于稳定他们。也可以让宝宝的肚子朝下压着半满的热水袋、腹部垫着椅垫趴睡，或让宝宝趴在海滩球上，扶着宝宝的背，慢慢前后、左右滚动等。

三、喂母乳：喂哺母乳的宝宝，较少有肠绞痛，因为泌乳激素，是一种毅力荷尔蒙、灵敏荷尔蒙，又是天然的镇静剂，不仅会增加妈妈的灵敏度，振奋妈妈的精神，也会缓和宝宝的情绪。由于母乳易消化，加上若白天宝宝接受较多的刺激，易在晚上增加喝奶的次数。妈妈可以在白天尽量减少会让宝宝分心的事物，晚上尽量在昏暗的房间喂食，这样有助于宝宝晚上睡得更安稳。

4 第一次害怕：给他时间熟悉自己的恐惧

文 台湾友缘基金会临床部主任林淑棻

三岁的小文从小怕狗，看到隔壁的小狗小黑，小文会惊慌地要大人抱，却又经常要求去看小黑，在大人的怀里她渐渐安心地叫："小黑小黑"，大人以为她克服了对狗的恐惧。有一天，家里来了一只小贵宾狗，小文马上躲得远远的，看哥哥去摸狗的肚肚，她鼓起勇气也摸了，大人以为她又克服了，便将狗放下来，狗冲向小文，她被吓了一跳，马上大哭，露出惊慌的表情。她开始要求每个人都要照她的话做事，试图掌管一切，在大人看来觉得小文无理取闹，其实，她只是想透过掌控环境来抚平突然出现的害怕。

宝宝成长过程中会慢慢发展出不同情绪，"害怕"最早出现在5~7个月大的时候。每个人害怕的内容不尽相同，但一般而言，每个年龄似乎会出现典型的害怕。5~7个月的宝宝，骨骼及平衡尚未发展完善，突然的被举高又放下、头没被支撑，大声吵闹、噪音及巨响都会让他们害怕。7~18个月的宝宝开始发展依附及大小便，他们会怕陌生人、与父母分离、上厕所、突然无预警或隐约出现的物体。

两岁的孩子透过各种感官（听、看）在探索环境，害怕大多与感官相关，在听觉上：太大的声音、火车、卡车、雷声、冲马桶的声音、吸尘器。在视觉上：黑暗的房间、深色的颜色、巨大的物品、行进中的车子、帽子。在空间上：害怕玩具或床离开了原来的地方、搬家、环境的改变。在动物上：怕野兽、牛或狗。两岁半会害怕蠕动的东西。三岁的害怕集中在视觉的恐惧比较多（看见过什么东西）：黑人、有皱纹的人、假面具、妖怪、黑、野兽、母亲外出时（特别是晚上）。

虽然孩子害怕的东西很多，但可喜的是害怕的出现与消失，都会依循一定的秩序与模式。有些孩子对害怕的事物，刚开始会表现得过分退缩，接着又过分接近，这是正常的阶段。只要父母能接纳他们的害怕，孩子就会发展出比较适当的面对害怕的方法。

有些害怕跟不好的生活经验及学习有关，如有些孩子被狗咬或吓过后，开始怕狗。有些孩子过马路被车吓过，从此畏惧过马路。有些大人会跟孩子说如果不乖，要把他丢掉，孩子可能会黏大人，他们跟父母分开如同被丢掉一样令人恐惧。有些大人会在孩子睡不着时，说："魔鬼会来抓你"，他们会怕黑，要求开灯睡觉。

大人的态度与害怕也有关系，严厉的处罚会让孩子害怕、父母发脾气也会让孩子害怕；对孩子的行为不断批评，或期待过高及父母争吵，都会让孩子产生焦虑与担心，而呈现畏缩没信心的行为。

● **面对害怕，父母可以这样做**

一、不拿害怕开玩笑：不要在大家的面前说："某某好胆小，羞羞脸，这样也会怕"，这样会让孩子觉得丢脸，或被羞辱而二度受伤。

二、不强迫面对害怕：不要在孩子未准备好时，强迫他面对害怕的东西。有些大人会被孩子的害怕弄得很不耐烦，担心孩子太胆小没有勇气，希望他们勇敢面对以克服害怕。例如孩子害怕进电梯，父母可能将他硬推进电梯，或许孩子会因此而更害怕。

其实害怕不是父母的错也不是孩子的错，只是孩子成长的必经过程。耐心地依照孩子的步调，协助他们面对害怕，才是真正的解决之道。

三、接纳及同理情绪：以害怕闪电为例，同理孩子害怕的心情"闪电很大声，真的很恐怖"，让孩子能面对自己的害怕。父母可以做示范"我也很怕被闪电打到"及提供保护（说："不用担心，妈妈会保护你"，并抱紧孩子）；提供自我叮咛的语言"闪电很远打不到我"。等闪电或打雷比较小，孩子情绪稳定下来时，跟孩子一起好好观赏闪电的变化；孩子更大时，可以教导闪电相关的知识。

四、渐进式面对害怕：面对害怕最重要的是，尊重他的恐惧。大部分的恐惧长大都会消失，给予孩子躲避害怕的时间。给他们有机会去熟悉自己的害怕。例如怕黑，可以先将灯光慢慢转暗，当孩子熟悉后，在黑暗中玩影子游戏，帮助他们对黑暗有全新的经验"原来暗暗的这么好玩"。当孩子无法享受时，一定要马上停止，不要强迫。

其实害怕不是坏事，当孩子面对害怕时，逃避是自然的倾向，不表示孩子是胆小鬼，或他们永远无法克服困难。这些害怕会随着孩子的发展而消退，当父母给予孩子更多可以掌握环境的机会后，他们会成功地克服害怕。

5 第一次害羞：退缩的孩子不是没礼貌

文 台湾友缘基金会执行长廖清碧

当妈妈带着宝宝到公园，许多大孩子和大人们，都围过来看宝宝，宝宝看到一大堆人便大哭了起来。当宝宝会走路了，隔壁的叔叔说："长大了哟！"宝宝就躲到妈妈的背后。当宝宝一个人在公园玩，其他同年龄的孩子靠过来，想和宝宝一起玩，但宝宝马上跑回妈妈身边、或哭出来。

宝宝看到陌生人就哭，让父母觉得没有成就感，好像自己没有把孩子教好。有时也觉得没面子，因为别人家的小孩都很开朗，嘴巴很甜的和大人们打招呼，而自己的孩子却这么退缩。有时也会将这样的行为解释成"没礼貌"，有了这样的解释，就容易有情绪，不容易包容孩子。

● 六个因素造成害羞

一、人格特质：每个小孩都有属于他个人的人格特质，有些从婴儿期开始，看到人就手舞足蹈、眉开眼笑；但有些小孩，从出生开始就较内向，需要更多时间来熟悉外界，因此容易显得害羞。

二、发展因素：孩子在八个月大时，开始会对陌生人产生焦虑，看到陌生人就会感到不安，害羞只是不安的表征。到两岁左右，对外在环境的反应，多了与个人自我知觉有关的情绪，害羞也从这时候开始更明显地呈现。

三、刺激少：有些家庭极少有机会接触陌生人，再加上父母喜欢窝在家、不喜欢和人群接触的特质，接触的人总是那几个，因此碰上不熟悉的人就会害羞地躲开。

四、遗传因素：遗传有时也影响孩子的性格，父或母其中有一个，本身就是比较内向和害羞的，这样的基因便影响了孩子的特质。

五、教育态度的影响：父母用自己的想法催促孩子做一些他们能力所不及的事、常拿孩子的能力去和朋友的孩子比较，不满意孩子时，父母采取严厉批评、控制、过度保护、拒绝等态度教育孩子，如：不让孩子尝试各种孩子想做的事、在公众场合骂孩子、在孩子面前夸奖别人的孩子、较少鼓励孩子做得好的地方等，以至于孩子失去成长的方向。如此也容易让他失去信心，孩子缺乏自信就容易内敛，有时也会采取疏离人的动作，这样的行为被解释成害羞。

六、社会化发展：通常孩子在三岁左右，才有能力和同伴共同玩游戏，在这之前虽然也喜欢和朋友待在一起，但是和朋友不会有来往，各玩各的，这样的行为也容易被解释成害羞。

● 五个技巧帮孩子克服害羞

一、不被孩子的行为或别人的评价，影响自己的情绪。情绪稳定地对待孩子，不勉强孩子做他不喜欢做的事。宝宝和大人的关系是他和大人之间的缘分，他们的关系会因为双方关系变好而变好，而且绝对不是孩子改变就好，大人对待孩子的态度也需要做适度的修正。

二、给孩子更多的时间来认识外界。刚开始尽量不带他去陌生人多的地方，等他对环境熟悉之后，因为有了对环境的了解，才比较有余力接受不认识的人。带孩子看其他小朋友在游戏的场景，渐渐地帮助宝宝能够和一个小朋友开始玩，再因能力提升而增加游戏人数。出门前让孩子预先知道今天会碰上谁，可以称呼他“叔叔、伯伯、哥哥、姐姐、阿姨、奶奶、爷爷……”，问孩子：“你希望他们怎么称呼你呢？”

三、碰上孩子害羞而哭泣时，抱着孩子安慰他。父母可以说：“没事，是阿姨、叔叔在跟你打招呼。”而不要求他不害羞，不勉强他打招呼。

四、不在他人面前谈论自己孩子的糗事。

五、培养孩子的“自信”，看孩子做事的时候“多看少说”。平常多赞赏孩子做得好的部分，做不好的地方可以安慰他：“没关系，我们来研究看看发生了什么事？”孩子有话要说时，常听他说话并有回馈如：“嗯、喔”等。

害羞从两岁左右就开始发展，是一种正常的情绪，如果用平常心看它，就没有好或不好的说法。

6 第一次发脾气：小恶魔其实只想宣示主权

文 台湾友缘基金会专任老师詹纯玲

两岁半的伟伟正跟妈妈展开一场拉锯战。只见桌上一堆混乱的食物，伟伟哭得歇斯底里，紧紧握住手上的汤匙，说："我不要！"刚开始，要他自己吃，他不要。喂了他几口，他又要自己吃。可是他已经吃了半个钟头，桌上一团乱，也不让喂。乖巧时是可爱的小天使，不顺心时就变成小恶魔，偏偏这阵子他不顺心的事情可多着呢！有时也搞不清楚他在生气什么，真是伤脑筋！

1~3岁的幼儿从凡事需要倚赖别人，到可以慢慢自立，例如开始走路、可用简单的语言表达自己的需要等。这些能力让他拥有更大的主权，开始能主动跟外界接触；也因此慢慢发现自己是独立的个体。于是一方面想主导掌控，肯定自己，很多事情都想自己来，这让他对自己的能力产生很大的信心。另一方面他开始发现这个世界多奇妙，犹如刘姥姥进了大观园。于是他展开运用能力的探索之旅，什么东西都要碰，都要去试试看，想做事的意图也更加明确。

在他的辞典里，没有危险及限制这些字眼，那是只有大人才会在乎的事。有时他对任何事都说"我不要！"也因为这样，亲子双方的冲突常常产生。这些现象在2~3岁越来越明显，那是他们想要宣示主权的代名词，因此有人把这个阶段称为"第一青春期"。

他们在经历这些环境变化的同时，又需要借由维持旧有习惯的顺序以求得安全感。如穿衣的顺序要一样，去公园的路线要一样，若违反了习惯，会因为不安而发怒。

在追求自我肯定的过程中，无法完成任务也会让他因挫折而生气。例如他正努力做一件事情，他做不好，大人却未经他同意直接帮他完成，他觉得被干扰而大发脾气。

随着能力的增强，逐渐独立的同时，他们有时又想退回小婴儿状态，让大人呵护。例如有时想自己完成某件事，可是一会儿他又要求大人帮他做。这种矛盾的心情，常让大人摸不着头绪；不顺他的心，他就又要生气。父母如何帮助他们在产生自主能力感的同时，又能学习控制生气呢？

● **宝宝发脾气时的处理方式**

一、帮助幼儿以语言安定自我：当孩子无法满足时，可以告诉他什么时候可满足或有其他代替品，例如“下次来超市还可以再玩！”幼儿会经由这些安慰的语言，转化为安定自己的内在语言。

二、用了解幼儿感受的方式帮助孩子学习控制：孩子可以透过感受被接纳而学习控制自己。例如当孩子用打人表达愤怒时，可以握住他的手告诉他：“我知道你生气……，你可以说……，不可以打人。”

● **减少宝宝发脾气的方法**

一、在安全范围内提供幼儿去尝试及体验：这样可以减少父母对幼儿的限制及责备，并提升幼儿对自己能力的肯定。

二、规则可以有弹性：为了安定幼儿的反复矛盾心情，有些要求可以有弹性，例如不要规定一定要在某个时间去做什么事情。

三、必要的变动事先告知，也让他看到事实：例如告诉幼儿，去公园的路线正在修理马路，所以需改走另外一条。但在改变路线之前，最好带他去看施工地，以减低他们对于顺序改变的不安。

四、尽量在大人要求的范围内提供选择权：这是营造双赢的局面，大人既可给孩子规范，幼儿仍可觉得环境是他掌控的，例如我们希望幼儿自己吃饭，可以问他：“你要用哪个图案的汤匙吃饭呢？”

五、用幼儿可以接受的方式提供协助：当想帮助他们时，最好先问："需要我帮忙吗？"或提出帮忙方式，例如"我帮你把这个搬来这里好吗？"以避免他们的挫败感。

幼儿发脾气是一个教育幼儿控制及适当表达生气的好机会。在这个情绪狂飙的第一青春期，父母如果能耐着性子，了解孩子的需要，引导孩子学习控管及表达生气的情绪。同时以身作则，示范适当的情绪表达让幼儿模仿学习。过了这个阶段，他们在想法上将更有弹性，也会减少许多固执的行为。

7 第一次分离焦虑：稳定的爱能融化不安

文 台湾友缘基金会副执行长黄伦芬

孩子现在六个月大，白天由保姆照顾，晚上再接回家，最近换了一个新保姆，已经是第三个保姆了。之前换保姆都没什么问题，这一次孩子显得很排斥。早上送到保姆家，我离开时，他变得会大哭、发脾气。面对宝宝的反应，是我哪里做得不够？还是孩子没有安全感？

胎儿在和母亲的合作下，平安地从子宫内完全倚赖母亲的状态，转换进入到独立生存时期。这是幼儿的身体第一次与母体分离，他会表现出友善的态度，以确保他能得到保护并避免可能存在的伤害。在生命的前三个月，幼儿会做出各种行为，包括：微笑、注视、搂抱、抓握等，以维持、吸引照顾者的注意，这些行为的对象并不会专指特定的人。在这段时间内，大人的来去，不太会引起幼儿的焦虑反应。

● 分离焦虑五个月大开始发生

随着认知发展的成熟，幼儿在五六个月左右，开始会对主要照顾者产生依恋行为，当依恋的对象出现时，他会很兴奋，但当这个人要离开时，他会焦躁不安，感到苦恼和伤心。

如果孩子依恋的对象是父母而非保姆，五六个月大左右的幼儿，在妈妈要离开时自然会不安。很多年轻夫妻将幼儿托给爷爷、奶奶二十四小时照顾，不定时探望孩子，幼儿离开爷爷、奶奶时也会有分离焦虑的现象，并且不愿意和父母在一起。

这是幼儿开始发展自我概念，第一次从“我与主要照顾者是一体”的联结中，分辨“我”和“主要照顾者”是不同的。幼儿是脆弱、无助的，需要倚赖外界环境才能生存，所以他必须和人有情绪的联结，因而认同、依恋主要照顾者。

● 孩子有能力同时依恋四个人

父母怎么知道自己是不是孩子的依恋对象呢？

如果幼儿在妈妈离开时会抗议，但妈妈返回时则快乐迎接，表示他和妈妈之间已建立了安全依恋；反之，如果妈妈离开时，幼儿很少哭泣，妈妈返回后会逃避妈妈的靠近，或是在妈妈离开前开始焦虑，在妈妈返回时出现冲突情形——即想接近又以尖叫踢打来拒绝妈妈，那表示两人之间依恋的关系尚未产生。这时，如果孩子依恋的对象是保姆，妈妈要接他回家时，就会面临孩子哭闹拉扯、不愿离开的窘境。

所幸，孩子有能力同时依恋四个人。因此，最理想的状况是父母与保姆都列在这四个安全名单中，那么幼儿每天往返在自家和保姆家之间，只会有短暂的分离焦虑，这是正常的，一会儿就能接受妈妈不在时的不舒服。正常的分离焦虑现象，到两三岁时就会消失。如果幼儿过了这年纪，或是在两岁左右，每次转换环境时，哭闹的强度和时间都很长，父母就要注意孩子有分离焦虑的困扰了。

生、养幼儿的人就自动享有成为依恋对象的殊荣吗？坦白说，如果没有全力以赴，父母也不一定有此光荣。要能成为孩子依恋的对象有三个重要因素：

一、照顾者要固定。父母要慎选保姆，不要任意更换。双薪的父母需要辛苦些，每天晚上要有与幼儿互动的机会，让自己成为孩子的重要他人。

二、可获得性。幼儿有需要时，照顾者可以在旁边。

三、当幼儿以讯号或声音表达需求时，照顾者能做出正确响应，安抚、喂食或对他说话。

● 除了依恋之外，以下因素也会影响或减低分离焦虑的发生：

一、幼儿的生理因素，如睡不饱、生病时，容易有分离焦虑。

二、到保姆家时，为孩子准备熟悉的食物、音乐、玩具、毯子，尽量维持幼儿的习惯和仪式，如此将有助于幼儿心情的稳定。

三、父母与保姆要有友善的关系。父母与他人相处时的氛围会影响幼儿的情绪。如果大人间有不愉快的事情或教育上不同的意见，务必沟通，并在私底下进行，绝对不要低估孩子的感受力，认为他们还小不懂事而放肆地争吵、对立，或是暧昧地相处。

四、每天多预留些时间与保姆交接，让父母和幼儿同时在保姆家待一会儿，因为幼儿需要时间习惯照顾者的交换。有些幼儿在转换环境时，需要较长的时间，父母务必要考虑到他的天生气质。

幼儿对主要照顾者的离去会哭、愤怒和绝望，只是反应他对分离的抗议、失落感的表达、想与依恋的人身体亲近的渴望。父母不要因幼儿的哭声而心酸，自己离不开幼儿，或认定幼儿缺乏安全感而自责，这会使得分离更加复杂。只要在父母、保姆与幼儿间建立好的依附关系，孩子就能在内心保存对父母的意象，回忆父母对自己的爱，来安慰自己。

COGNITION

4

关于宝宝的认知发展

COGNITION

1

呵护幼儿好奇心的苗

文 台湾台北市立大学幼教系副教授幸曼玲

采访 李宜蓁 **整理** 吕珮菁、陈雅慧

幼儿教育这个阶段中，比较受到关注的是2~6岁的幼儿，对这个阶段的小孩而言，最重要的学习是像“从家庭到学校”环境上转换的适应，要学的是如何跟不同的人相处。

许多刚进学校的两岁幼儿，第一个经验是哭得半死，因为对于陌生的环境，他们很害怕。等到情绪稳定后，才学着跟别的小朋友一起工作、游玩，协商怎样分享玩具等。

常常可以看到两岁刚进幼儿园的孩子看上去傻傻的，但是他都在观察。要去适应新的感觉需要有一个健全的身心，才会有勇气去面对外面的世界。这是两岁幼儿很重要的学习。

等到三岁比较熟悉群体生活后，他开始很容易跟其他人玩在一起，社会性开始比较明显。此时更重要的是发展语文能力，怎样用完整的句子表达自己的想法，然后跟别人沟通自己想要的，听懂别人要的东西是什么。每个年龄的认知会越来越丰富。

这个年龄层的孩子要学的东西，可能不同于家长过去的经验，去做一些和小学教育比较接近、关于知识的学习；幼儿园阶段，我们应该先从心理层面开始着手，同步关注幼儿的身体动作、社会性、情绪、语文、美感与认知六大领域的成长。

幼儿园阶段的六大发展领域

一、身体动作：学习怎么样去控制大肌肉、小肌肉，学会稳定和平衡。

二、社会性：学习跟别人相处，怎样去帮助别人、去觉察别人的需要，以及遵守社会的规范。

三、情绪：学习如何面对跟人相处时可能产生的情绪挫折。比如小朋友都喜欢竞争的游戏，但是都怕输，赢的人很得意，输的人就很生气。我们应该引导这个阶段的小朋友把情绪拉出来看，分析赢和输感觉怎么样？为什么会不高兴？

四、语文能力：一方面是学习用语文表达沟通，一方面是要去面对环境中出现的文本。比如，看到墙上贴一张图画书的海报，就是一种文本。那上面写"爱吃青菜的鳄鱼"，小朋友开始去观察，老师引导说这是"鳄鱼"。透过经常接触，他其实也在学认字。

五、美感：艺术领域，任何的艺术创作都是一种文化的展现，对孩子来讲就是面对这个社会文化的接收跟响应。刚刚说"爱吃青菜的鳄鱼"，海报上鳄鱼为什么长那个样子，我们去欣赏一下，鳄鱼嘴巴张这么大，为什么他戴围巾，围巾是哪个颜色，这些都是文化的接收。接受刺激创作后不是直接把作品带回家，而是大家进一步相互分享感觉怎么样。认知的部分，我们着重在"科学性思考"跟"数学"上面。

六、认知：着重观察、整理数据，然后在心里形成假设、修正假设，最后去解决问题的历程。

对家长来讲，学数学和英文很具体，这些东西会跟未来的学业成就有关系，家长当然关心。可是我们更需要关注"人"本身的发展，尤其是健全人格的发展。小朋友本质是如何，当他要从幼儿长大变成熟，有各方面能力要培养，这些能力是隐而未见的，却也是在我们大人经验里比较容易被忽略的。我们希望凸显这个概念：学具体的东西不是问题，因为他还有很长的时间可以学，不急着在幼儿园的阶段学。

这个阶段家长可以培养他跟外在环境互动的热情，他愿意去探索，喜欢跟人互动，对周遭环境有兴趣。有些家长会说，这些东西我的小朋友天生就有，不需要培养。小孩子天生就喜欢问问题没错，可是如果给他沉重的负担，太早填塞他这些知识，如果知识对他没有意义的话，很容易因噎废食。然后他可能就此丧失了观察周遭环境的兴趣，丧失了进一步学习的热情。

教太多反而限制学习能力

幼儿教育将近三十年来的发展，因为私人经营者的加入变得非常蓬勃，幼教因而发展出多元的模式，同时也观察到怎样做对孩子的学习是最好的。其实就是给孩子机会，因为孩子的能力是无限的。1987年幼儿教育刚起步的时候，那时许多人认为应该早一点让孩子学小学的东西，对幼儿教育的理念并没有那么健全。那时候幼儿园的教室空间很小，也就是传统的“排排坐、吃果果”，很制式化的发展。

老师有没有规划适当的情境，有没有给那些机会，现在多数状况还是处处受限制。因为当你不断地教孩子，孩子就跟着你；小朋友有能力跟着你，可是他自己学习的能力却因缺乏挑战而被限制住。

老师最重要的能力在于，有没有办法去看到孩子的可能性，然后再给他更进一步适当的引导力量，让他有表现的机会。在现有的能力之上再给孩子增加一点点的要求，他就会往上走。这学习的过程就像搭一座鹰架，让孩子顺着引导往前走，成就感得到满足的话，他就会不断地去学习。

大家希望幼儿拥有这种学习的模式。这样，终身学习的动力就会一直持续着，而不是被动接受很多信息。孩子回家看电视就是被动接收信息，这样慢慢变得很少主动探索，很少解决问题。生命力找不到得以展现的舞台。

家长其实不是很清楚幼儿园老师的专业在哪里，照顾小孩嘛，好像不需要什么专业。对家长来讲，安全当然是最重要，然后对孩子态度亲切、照顾生活起居也是基本要件。家长有时候不见得是不愿意选择好的园所，而是他们不知道什么是更好的。好的幼儿园老师有能力跟家长沟通，告诉家长孩子真正的需求何在。如果家长要老师能够看到孩子的能力在哪里，提供什么样适当的鹰架让他可以更往前进，就必须选择有更多专业和判断力的幼儿园老师。

2~6岁最重要的就是快乐

现在公私立的幼儿园比例大约三比七，大部分私立幼儿园会依照父母要求，也就是说其实是父母在影响老师，因此多数幼儿园会用幼教社的教材引导学习。许多家长甚至希望幼儿教育也跟小学一样有统一的课本。幼教社编辑的教材不是不用心，可是要学习的东西放在平面的课本上，小朋友又不认识字，只能跟着老师的指令，“来！大家算一下这边有几颗苹果”，然后连连看，对孩子来讲只是听懂指令做动作而已，没有真正的学习。

当老师说“数圈圈”，他可能会想圈圈里面的正方形是什么，脑中还在想，老师就一直叫他专心数，如果他不做，老师就会来说“为什么你不听话？你不乖,你在做什么？”容易把他原来很灵敏的观察判断能力统统关掉。

“不要输在起跑线”这句话很容易引起误导，因为家长看了就担心，担心的面向却是他们会不会英语、拼音等具体的学科能力，作为家长，要更了解幼儿真正的发展需求，然后帮他们选择合适的幼儿园。如果大多数家长的观念可以改变，就有能力影响幼儿园的走向。

很多家长可以慢慢接受，幼儿阶段的孩子最重要的是快乐、探索和增加生活经验。不要这么早就要求他们写字、学英文，这些东西早教早学并不见得好，反而会提早让他的胃口变坏。

教材应取自生活经验

能够帮孩子学习的东西，是对他有意义的东西，其实就是他生活周遭的事情。

台湾花莲的孩子很小就知道莒光号、自强号，他们也能够辨认一些火车标志，甚至可以读懂一张火车票根。因为他们会主动去学生活中的东西，这张是从哪里坐到哪里，几号车厢，几点出发几点到，他们都会去研读信息。可是对台北的孩子来说，也许到了初中都不知道火车有时刻表，因为他的生活经验只有地铁。这差异其实蛮大的。可是重点不在说谁知道火车的标志是什么，自强号长什么样子，而是说他会去主动关心生活周遭的事情，在脑袋里面形成意念。

教材能取自生活经验，从生活中引导孩子的能力，比如读符号的能力，或者找到标志、知道自己方向，判断哪里是逃生口这些能力。你去搭火车要排队，买票要排队，排队的时候告诉孩子，为什么要排队，有什么好处。幼儿园老师跟着孩子的生活经验走，就能找到适合的教材。

认知科学较蓬勃发展后，比较强调孩子的脑袋经验整合起来的能力，小孩以过去经验为基础，跟人也跟环境互动，整合之后重新产出自己的想法。其实，家长只要提供孩子多方的经验就够了。幼儿园的孩子有好奇心的小苗，好问、爱探险，如果太强制要求标准答案，强制要学什么东西，就把苗压下来了。希望家长要提供更多的机会让好奇的苗可以长大、长得壮，变成他自己，接纳孩子的想法，接纳他们的探索方式。多跟孩子聊天，当孩子的好朋友。

家长提供多元经验，让孩子培养阅读的习惯，在生活中可体验多样的自然和人文环境。家长不需要给自己太多压力，喜欢自然探索的家长就带孩子去大自然，不见得勉强孩子一定要去美术馆或博物馆。当然家长本身也要有热情。希望家长为孩子安排有稳定性的生活节奏，在有限条件下尽可能提供经验，这就足够了。

1 第一次说话：不要教孩子说“宝宝语”

文 台湾辅仁大学儿童与家庭学系副教授涂妙如
采访 陈珮雯　整理 郑怡华

观察宝宝学说话的过程，可以发现每个孩子都是被精密设计的。婴儿出生第三天，就认得妈妈的声音；仔细听还会发现，不同语系国家的宝宝，哭声的音调其实是和自己语言的音调相似。

大人看到宝宝时总会忍不住提高声调：“哇，好可爱！”这似乎也是上天巧妙的设计。因为拉高声调、比较夸张的拉长字和字中间的间隔，这些小细节其实都能帮助宝宝学习语言。一般来说，宝宝在零到六个月大时，是典型的地球公民，能学习任何语言；连成人听不到的某些音，他们也听得出来。不过，这种语言能力差不多在十个月大以后就会慢慢失去，他们会开始分辨母语与陌生语言，也会自然而然地忽略外国语，专心接收母语的熏陶。

宝宝的语言学习大致可分为四个阶段：

● 第一阶段：咕咕期

两个月大左右，会进入第一个发声的里程碑，称为“咕咕期”。婴儿除了哭，会对大人的逗弄做些响应。但严格说起来，这只是一种发声练习，话语本身没有意义。

● 第二阶段：指物命名

宝宝真正开始准备要说话，得等到10~12个月大，进入所谓“指物命名”的阶段，就是指着物品教孩子这是什么东西。宝宝在这段期间学到的前五十个字多为名词，且与他的生活经验相关。爸妈不妨以具体事物或图片，帮助孩子，比如：拿着杯子、奶瓶时，顺便告诉宝宝：“这是杯子、奶瓶。”并且要用清楚而缓慢的口吻说。

杯子

● **第三阶段：语言爆发期**

在“指物命名”阶段，宝宝学习十个可指称的名词，大概要花三四个月。但半年后，也就是宝宝一岁半到两岁之间，大约每个星期都能增加十到二十个会说的新名词，进入“语言爆发期”。

● **第四阶段：电报期**

在此阶段，宝宝的脑中已累积大量字汇，也会将物品做快速配对；这时宝宝的学习步调很快，你甚至不知道他从哪里学来这些单字。除了逐渐增加新字，他们也懂得拼凑几个单字来表达，慢慢从“单字期”进入“电报期”。

爸妈可帮助孩子将单字符串成正确的句子，例如：宝宝说了“杯子、水”，爸妈可以教他说：“我要拿杯子喝水。”不要用宝宝语和孩子说话，例如：“车车”、“水水”这种叠字，这些用语并非语言学习所惯用。

上述阶段只是孩子语言学习粗略的分法，而男女宝宝在语言学习上天生就有些不同。以左右脑的联结来做比喻，如果女生有六线道，男生则只有两线道，中间有时还会立个“此路不通”的牌子。当然，也有语言能力很好的小男生，这种孩子通常生活在丰富的语言环境中。由此可见，“父母及环境”对于孩子的语言学习有多么重要。

不论是处于哪个阶段的孩子，爸妈都要鼓励他说话，但不是帮他说。比如当宝宝指着水杯发出“嗯嗯”的声音时，爸妈可示范的说：“喝水。”并鼓励他跟着说，给他练习的机会，而不是他一指着水杯，爸妈就赶紧把杯子递给他。

另外，对着学语期的宝宝说话，要记得放慢速度，一字一字拉开慢慢讲，孩子才能听得清楚，也看得清楚你的嘴型。

2 第一次玩游戏：允许孩子自由探索

文 台湾友缘基金会临床部主任林淑棻

宝宝是天生的玩家、探险家及交际家，他们透过环境与人的互动，以及各式各样的游戏，学习运用肌肉、手眼协调，来主宰掌控自己的身体，并在游戏中增进对自己与环境的理解。

游戏是孩子的最佳伙伴，他们从什么时候开始发展游戏能力？游戏的主要内容为何？

★ 1～4 个月：婴儿第一次玩耍大约在这个时期，透过重复吸吮自己的手指，发现吸吮的快乐。很多婴儿拿到东西就往嘴里塞，学会分辨不同触觉，并持续吸吮的乐趣。

★ 4～8 个月：宝宝开始对环境感兴趣，当他牙牙学语引起大人的微笑，他会重复发出声音让微笑再次出现。

★ 8～12 个月：宝宝的认知发展已可理解因果关系，这是他第一次带着目的去主动探索环境。当宝宝发现踩到橡皮鸭会有声音后，会尝试用手挤压橡皮鸭来发声，此时他就能用拇指和食指拿起精细的小东西了。

★ 12～18 个月：出现好奇心及解决问题能力的多样化，例如：宝宝要拿大人藏在手中的东西，以前只用手去扒开，现在会用打手的方式。

★ 3～6 岁：随着孩子智能、情绪及认知的持续发展，这个时期孩子的游戏内容更具多样性。

● 功能性的游戏（感觉动作游戏）：简单、重复的肌肉动作，如接丢球、拉玩具。

● 建设性的游戏：操弄物品建造或创造出某物，如堆积木、盖城堡。

●**戏剧性的游戏（假扮游戏）：**用想象的情境来满足个人的愿望及需求，透过扮演游戏协助孩子表达情绪、了解他人观点、发展解决技巧，变得更有创意。

●**规则性的游戏：**有规则、结构及目标，如捉迷藏、踢石头、打子弹，参与者要接受既定的规则并适应。

孩子玩游戏，父母怎么做？

●**给予自由探索的机会：**提供孩子足够的安全感去探索环境，让他们取得更多的成功经验。例如到公园溜滑梯，有些孩子想用趴的方式，大人担心他受伤会禁止，其实那是孩子依循前庭发展的需要所采取的姿势。

当然，大人的担心也有道理，此时大人可清理滑梯周边的环境，并注意孩子溜滑梯的秩序（如果很多人，邀请大家排队）。当环境安全，孩子就可以自由地用趴的方式溜滑梯，不仅安全又有助于感觉统合的发展。

●**有耐心：**孩子不断要求丢球，或是问题不断重复时，有些大人会说："够了，不要再找麻烦了。"若大人能告诉自己，孩子需要不断学习来熟练这些技能，而不是故意找麻烦，或许会让自己更有耐心，毕竟孩子学会能力更重要。如果有时间压力，可以跟孩子说："爸爸或妈妈不是不喜欢你，而是现在没空，等有空再陪你。"切记不要对孩子发脾气。

●**示范：**孩子透过"模仿"大人的行为来学习，大人要尽量以身作则，让孩子有良好的模仿。如果希望孩子玩游戏能有挫折容忍力，当大人跟孩子玩游戏输了，就可以示范，告诉孩子："人有输有赢，没关系。"

●**从游戏中提升孩子的能力：**尽量提供各种游戏，帮助孩子发展各种能力，包括与人合作、关心自己与他人、协调等社会性能力。

另外，让孩子在游戏中自行操作，而非凡事由大人代劳，可让他体会到自己能掌控环境，这样有助于提升孩子的自尊。从游戏中玩出乐趣及自信，是孩子成长最大的资产。

3 第一次出去玩：不要赶，给他一点时间

文 台湾友缘基金会专任老师杨淑芬

在长长的队伍中，好不容易快轮到了，孩子突然冒出一句："我想上厕所。"大人不死心地确认："快尿出来了吗？"孩子确信地点点头。这时只好先去厕所，回来后重新排队。终于，玩了好玩的游乐器材，孩子却意犹未尽，不肯下来，哭着要再重坐一次。耐心快被磨光的大人抱起孩子安抚了一阵子后，孩子坚持要大人抱着他走，体力、心力都快用尽的大人，隐忍的情感似乎即将爆发……

这应该是很多家长曾有的经验：兴冲冲地外出，结果像被打败似的回家。

幼儿的生理发展，随着四肢及神经系统间的协调性愈来愈好，小肌肉的控制能力提升、睡眠时间减少，能做的事变多了。在心理发展上，心理学家埃里克森认为，这时期的孩子有渴望尝试新事物的动机，想做的事也多了，此时带幼儿外出的确是个好时机。

亲子出游不再败兴而归

看着孩子渐渐长大，能胜任更多事物，家长的确满心欢喜。但是带幼儿外出时，他们的活动范围绕着家长转，且刚学会控制大小便，正在学习掌控身体，要用全身的感官接收源源不绝的新奇刺激。要摆平想尝试每件事物的欲望，对幼儿是一大挑战，对家长也是。家长若能调整心态，做好下列准备，将可渐渐地享受带幼儿出游的乐趣：

● **让孩子渐进学习：**三岁前，幼儿一切发展尚未成熟，完全是以父母为中心而进行活动。这时可从邻近公园、学校开始，带着孩子渐渐熟悉、观察外界，让他自己找到一些对这世界的觉察及规律，如：游乐器材怎么使用、人多要排队……将有助于他发展社会化能力。

● **情境转换预先告知：**有哪些变化是孩子可能会介意的，可先让他做好心理准备。例如：明天要坐车去玩且过夜，孩子希望带哪些小玩具陪着他呢？

●预备时间拉长：此阶段孩子会想自己动手操作生活上的事物，借此得到胜任感与独立感。所以家长需预想到，任何事的准备一定会拖延些时间，包括穿衣服、穿鞋子、吃饭……事先拉长预备时间。否则，若为了赶时间而催促，必会造成亲子间的不愉快。家长直接操作，也会影响孩子的责任感及独立性。

●等待时间的安排：外出遇到排队的机率很大，甚至有时孩子会无聊，不知道要做什么。这时若能跟孩子玩些小游戏，例如：猜拳、亲子按摩；或事先帮孩子准备收纳方便、可独力完成的小玩具，借此帮助孩子学习等待的能力。

●孩子情绪的接招与安定：遇到累了、想继续玩、不想回家、事情跟他想的不一样等情况，孩子会用最原始的方式表现他的情感，发脾气、大哭是难免的。父母这时若能试着说出孩子的情绪："你很想继续玩，不想离开，妈妈知道，但接下来要轮到其他人了。"并找个安静处，陪他哭一哭或生气一下，孩子自然能够平复下来并接受事实。父母一定要先在心中告诉自己：孩子正在学习面对这些挫折，需要时间；况且丢脸是一时的，教育是一辈子的事，急不来。

●接受孩子的学习速度：有位爸爸曾经分享，他带四岁儿子到游乐场玩，发现儿子用羡慕的表情看着大哥哥们坐滑水道。他力邀儿子尝试，儿子有些勉强地去玩，但自此以后就畏惧下水。爸爸猜测是不是那次的经验，让孩子觉得下水是一片黑暗、一直下沉的感觉，如果没有大人在是危险的。

的确，有时候家长会觉得到了现场没试试很遗憾，力邀孩子尝试，但孩子的心力尚未准备周全，可能反而无法享受。其实，孩子的生命历程还很久，有很多机会尝试，这次带着不满足离开，或许下次就是他挑战的最佳时机。

●情感的关心：有时难免会遇到无法避免的事，大人如果能在事后关心一下孩子的心情，试着语言化孩子的情感，他会因为被大人理解，心情较为安定。曾有个孩子只要坐地铁，就开始闹情绪，之后妈妈才知道原来孩子首次乘坐地铁的经验很不好。那次正值下班时间，五岁的他被大人挤得快喘不过气，且很担心跟妈妈走散，所以坐地铁对他来说是个快被压扁、害怕被遗弃的经验。由于孩子的心情被理解了，妈妈也邀他在下次人少时坐坐看，孩子之后对地铁的想法就改观了。

4 第一次交朋友：家庭是第一个人际关系的舞台

文 台湾友缘基金会专任老师詹纯玲

小凡与伟伟，各自跟着妈妈到小区的游乐场玩积木。两岁半的小凡独自堆着积木，妈妈不断催促她跟别人一起玩，小凡却还是玩自己的。三岁多的伟伟倒是很快地主动跟其他幼儿玩在一起……

同样是幼儿，因为年龄不同，跟同伴相处却是两种类型。幼儿大约从三岁开始会对跟同伴一起玩产生兴趣，这代表他们能逐渐减轻对大人的倚赖，开始发展自立的生活，进入同伴的团体生活。

早期，他们虽然跟其他小朋友在一起，大家的玩具或许相同，却各玩各的，就像小凡那样是很正常的。大约三四岁时，他们才会开始真正跟小朋友一起玩、有互动，就像伟伟。等到年纪更大些，才逐渐有能力进入合作性游戏，开始对团体有归属感，而有更进一步的分工。虽然幼儿在一岁半左右，大人就会开始要求他们学习社会化，但等到他们之后能跟别人一起玩时，才会加速学习社会化的过程，知道如何跟别人相处。

由于幼儿的各项社会性能力才开始萌芽，和其他小朋友一起玩常会吵架是很正常的事；但也透过这些经验，他们学习到表达自己及了解别人的观点，学习怎么解决这当中产生的问题及其他能力。

根据研究及临床经验显示，幼儿喜欢与能做同样事物的孩子做朋友，也喜欢接近常带着微笑、愿意分享及助人、可等待轮流、有主见也愿意接受别人意见的孩子，这些社会性能力让他们受到欢迎；没有主见、总是寻求大人帮忙的孩子较不受欢迎，具攻击性的孩子更是被排斥。心理学家苏立文（H. S. Sullivan）指出：孩子因为有朋友，而肯定自己的价值；没有朋友，在社会适应上较会有长期不良影响。

建立良好人际关系有技巧

或许有些父母会苦恼，觉得想帮助幼儿交朋友似乎鞭长莫及。

其实，家庭就是幼儿的第一个人际关系舞台，幼儿以此为基础，将学到的能力及对人的信任拓展到同伴关系。因此，父母可以这么做：

●**提供良好亲子关系及身教：**从婴儿期开始，让孩子体会被爱、被重视的感觉。到了幼儿期，孩子开始进入认同父母阶段，随时都在观察及模仿父母的言行。例如，父母常亲近及尊重孩子，也关怀别人，幼儿因为自身经验及耳濡目染，对朋友也会有同理心。父母之间若有良好的沟通及互动模式，自然也会成为幼儿与他人沟通及互动时的典范。

●**让幼儿了解规范与自己的相关性，并鼓励其正向行为：**有些幼儿跟别人一起玩时，很爱管别人、要别人都听他的，或者不想遵守游戏规则，而失去玩伴。这可能是他们体验到大人常在管他们，以致跟同伴相处时，也想满足管别人的机会；或是觉得反正大人不在，就只想听自己的。所以，给予规范时，要让幼儿了解原因，而不是因为这是大人制订的，不得不遵从。当幼儿有好的行为时，记得要鼓励他，让他有正确方向可依循。

●**提供幼儿一起玩的机会，适时培养社会性能力：**常带幼儿到公园，或制造与亲友小孩接触的机会，可扩展幼儿的交友经验及玩的能力。若是较退缩的孩子，刚开始需提供他在安全环境下建立成功交友的经验，例如跟较温和的孩子一起玩。年纪愈小的幼儿，愈需要大人在旁观察，且必要时协助他们练习该年龄需具有的社会性能力。例如，所有权之争是常发生的状况，大人可提醒幼儿要拿别人的东西之前，应先询问；若对方不想借，可试着问对方不想借的原因。但基本上父母不宜干涉过多，让孩子自己从中体验也是很重要的学习方式。

●**了解幼儿不当行为背后的动机，帮他找到学习方向**：当幼儿有不适当的行为，代表是他学习的契机，大人要先了解其动机。如幼儿打人，大人知道事件经过后，需了解他是不知如何表达情绪，还是等不及……才会知道他是需要学习适切的表达方式，或培养等待能力。

●**透过说故事或角色扮演，帮助孩子学习了解别人及解决问题**：平常借着看绘本、说故事，问问孩子剧中角色发生什么事？为什么会那样？每个人的想法可能是什么？如果是他会怎么做？另外，当孩子跟别人发生不愉快时，先别责怪他，让他安心地说出事实，或用玩偶角色扮演方式了解经过。透过此方式，孩子能学习更客观地了解彼此立场，进而可演练解决方式。例如，从角色扮演中了解到，别人不跟他玩是因为他弄坏了别人的玩具，因此知道要好好使用别人的玩具。

孩子的人际经验，从亲子关系开始启发，拓展到幼儿期，进而影响小学阶段的人际关系，可说是一脉相连。在婴幼儿这个阶段，父母与孩子的互动最多、影响力最大，若能善用此黄金期，孩子日后的社会性能力也会稳定发展。

5 第一次上学：入学时机两关键——心理情绪和免疫力

咨询 台湾辅仁大学儿童与家庭学系副教授涂妙如

采访 陈珮雯　**整理** 郑怡华

就广义的定义来看，只要离开父母及熟悉的环境，进入外界的团体学习，不管是一次性或连续性的经验，都算是上学。至于更严谨的定义，指的是孩子离开父母（父母不陪同），独立在家庭以外的空间里学习。

孩子可离开家庭进入团体学习，有两个层面的意义，包括了心理情绪及免疫力。

●**心理情绪**：进入团体生活要有社会人际能力，也必须要有足够的安全感。一般会鼓励家长，等到孩子能清楚表达自己的需要，甚至有基本生活自理能力，如上厕所、吃饭，再让孩子上学，比较不会出现适应困难的问题。

●**免疫力**：不过现代大多是双薪家庭，很多孩子一两岁就得上幼儿园，这时期的宝宝免疫系统发育尚未健全，很容易在团体中受到感染。小儿科医师曾如此比喻：把两岁的孩子送去上学，等于是把一只小羊丢到狼群中，很残忍。所以一般建议等到孩子三四岁、抵抗力好一点再送去上学，否则大人就要有心理准备，通常得花上半年的时间，接受孩子每周大小感冒不断。

做好准备，上学更轻松

孩子在婴儿及学步儿时期，需要与主要照顾者建立良好的安全依附关系，爸妈唯有敏锐响应孩子的需要，宝宝才能获得足够的安全感。到了两、三岁以后，孩子自然就会想往外探索，也有可能吵着要上学。从情绪发展的角度来看，孩子去上学多会出现适应期以及对陌生人的焦虑感，有必要提前进行心理准备：调整作息、帮孩子准备自己的小书包、带他到学校走走、拜访幼儿园老师，以熟悉学校的环境与设备。

幼儿园小班的两三岁孩子，仍处于自我中心阶段；中班和大班的孩子则会开始在乎他人对自己的看法，一旦进入团体生活，会产生“我想和别人做得一样好”的想法。所以，在家里不好好吃饭的孩子，通常到了幼儿园后，为获取同伴认同，就会乖乖坐着吃饭。

若是独生子女家庭，父母可以替孩子创造环境，让他提早懂得和同龄的孩子互动。比如几个家庭同时出游或互访的经验，都属于社会的互动与人际的练习，也可帮助孩子做好入学的准备。

多给鼓励，帮助孩子适应

一般来说，孩子实际上学后会有适应期，这段期间需克服两大重点：情绪与作息的调整。

通常作息不稳定的孩子，会以黏人的方式来获得安全感，适应时间会拉得长一点。但即使作息很正常，幼儿初到新环境一定会焦虑，可能哭着不想爸妈离开，这就称为“分离焦虑”。

孩子刚开始上学，爸妈可在学校多陪他一下，绝对不可以偷跑。如果爸妈要离开，一定要说再见，并告诉孩子什么时候会来接他，而且最好提早一点到。

孩子放学后，爸妈不要问：“你有没有想我？”孩子被这么一问，会不知道该如何响应才符合父母的期待。爸妈可以问一些学校里有趣的事，例如：交了什么朋友、吃什么点心？当孩子发现上学的有趣，也对父母有了信心，独立性会逐渐增加，更乐于探索世界。

6 第一次听故事：宝宝才是阅读的主角

咨询 台湾辅仁大学儿童与家庭学系副教授涂妙如

采访 陈珮雯　**整理** 郑怡华

知名脑神经与教育专家洪兰曾提醒：说话是本能，阅读靠习惯，而且这个习惯应该从小养成。孩子什么时候可以开始听故事？一般来说，六七个月大是"膝上阅读"最佳年龄。这时的宝宝不想一直躺着，也已经坐得很好，因此可进行亲子共读。刚开始，玩书及翻书是很重要的练习，一旦会翻书，表示宝宝能进入书的世界。观察幼儿园里的孩子会发现，有些孩子没有亲子共读的经验，居然不知道书可以翻开，拿书来当做积木，或做为扮家家酒的玩具。

在孩子还小时，尽量用大声朗读的方式来念故事书；等年纪大一点，就可用问话或对话的方式让孩子参与，这种"对话式阅读"最能提升孩子的语文能力。

给幼儿的故事绘本，多半从"指物命名"的内容开始，如一页只有一种物品的图画书。接着加入一些题材与生活自理相关的书，像是上厕所、洗手、刷牙……每天重复的活动，这些简单重复的内容，有助于孩子专心聆听。

不同年龄层的选书重点

★ 0～6个月：操作书

为小小婴儿选书，以能满足感官探索及动手操作为主。这类书通常可触摸、没有顺序性、圆角厚页、有真实图片、没有注音、字很少。

★ 6～18个月：童谣书

选择儿歌、手指谣之类的书，让孩子透过手部及肢体，感受韵律的节奏；爸妈也可抱着孩子一起唱，或是创作新的动作。这类型的绘本仍以图为主，没有连续的故事。拥抱孩子、温馨朗读、看图识物、奠定语言基础，是这个时期阅读的主要目的。

★ 1.5~2岁：以图为主的故事绘本

这时期的孩子模仿能力强，开始借由故事认识自己，在潜移默化中模仿故事主角，自我学习。此时给孩子看的书以建立自我概念、培养生活自理、展开人际互动为主。但爸妈千万要记得，让孩子自己品味，不要说教。

当孩子累积了一点听故事的经验，爸妈不妨开始建立交互式阅读，在故事中加入问答或对话，增添阅读乐趣。试着找些不同设计目的的书，像是视觉追踪书、薄页翻翻书，达到亲子共读共玩的目的。

经过反复参与阅读，孩子的词汇会大量增加，逐渐建立短句的概念。当孩子逐步建构他所认知的世界，爸妈可试着提供无字绘本，或是开放性结局的故事书，培养孩子的幽默感及创意。

四技巧，让亲子共读更愉悦

让孩子喜欢书、享受阅读，是很重要的事。因此，亲子共读要营造一个很轻松的环境，温馨阅读、拥抱孩子，让孩子有“爸妈陪着我、抱着我”的温暖感觉，以及“和爸妈在一起很快乐”的经验，这样以后看书时就会和这种愉悦的感觉联结起来。

千万不要在意孩子认识多少字，也不要考试，不然孩子会紧张，觉得“我没听进去爸妈就会生气”，以后接触书就开始害怕。爸妈也不要每次念完绘本后都问：“这故事教我们什么？”曾有个真实例子，一位妈妈每次都利用故事来说教，有次她买了新书回家，孩子居然回答她说：“我又没做错事。”

强迫阅读，会破坏儿童文学的美感，也会抹煞宝宝阅读的乐趣。想营造愉快的亲子共读经验，爸妈可以这么做：

●**不要求听完一本书：**宝宝的专注力没几分钟，在他接触书的初期，爸妈不需要一口气念完一本书，可先念两页就停下来，等下次他有兴趣时，再念两页。

如果念到一半宝宝跑走了，是很正常的。大人需在意的是：有没有选错书？故事是否太长？有没有先让宝宝玩书，获得有趣的经验？

●**引导宝宝“翻”书，不是“啃”书：**当孩子撕书、啃书、咬书，爸妈要试着引导他看书的正确方法，握着他的小手，和他一起慢慢翻书。选择圆角厚页的绘本，宝宝比较容易翻阅，也不容易刮伤小手。布书、洗澡书等，又轻又不怕湿，都是适合宝宝的入门书。

●**爸妈先读文字，宝宝先看图：**幼儿阅读以图为主，大人则是看文字。爸妈拿到新书时，自己先看一次文字，并和孩子说：“我先看一遍，再换你。”轮到孩子看时，他会从图画中约略知道故事怎么铺陈，但不知道细节，这时爸妈再念给他听，孩子就能了解图文整合的全貌。

●**不要拒绝孩子重复听一本书：**孩子如果一再要求爸妈念同一本书，就念给他听。这表示孩子懂得期待，或是因为更熟悉故事内容，感到很满足、很享受。孩子甚至已经知道念到哪里会有个高潮，他会期待，有时还会先笑。

7 第一次学才艺：快乐的心情是关键

咨询 台湾台北市立大学幼儿教育学系教授王佩玲、儿童职能治疗师王宏哲

采访 陈珮雯 **整理** 余静雯

带幼儿上才艺课，专家认为，幼儿才艺重多元体验，不重技巧训练。接触才艺的重点是提供幼儿丰富的感官及生活、休闲、艺术体验，这些多元的经验，可帮助孩子形成终身学习的基础能力。但爸妈要注意，不要让幼儿才艺变成“技巧”的重复练习，否则不但有可能影响孩子的发展，也会破坏幼儿探索世界的热情。

爸妈看待幼儿才艺班的态度，最好是放在“玩”才艺。幼儿才艺不在于学什么？该学多少？关键在于孩子有没有快乐的心情。如果在第一次接触才艺时有愉快的经验及正向的情绪，之后会想更深入学习，才能有良好的成效。

幼儿学才艺，目的是“培养孩子的鉴赏力”。对以感官学习的幼儿来说，大自然其实是最好的才艺教室，听鸟鸣、看美景、堆沙堡、排石头……不但可刺激听觉、培养美感，也能运动小肌肉。而沙堡该怎么堆、石头要排成什么，还能帮助孩子的认知学习发展。

无论是哪种类型的才艺，都可以带孩子一起去体验。但是，玩才艺的经验不应着重在技巧的训练，而是帮助孩子的发展。例如，折纸、涂鸦可帮助孩子的手眼协调、精细动作发展；音乐律动可培养听觉、视觉的专注力及动作协调能力；围棋则可训练孩子的静态专注力。

选才艺要适龄、适性

只要幼儿“愿意尝试”某项才艺，并且“有能力操作”，进而对该项才艺“有兴趣”，就是适合他的才艺。因此，帮幼儿选择才艺可依据两个基本原则：

一、适龄

了解各年龄层所具备的发展能力，才能帮孩子选择合适的才艺班。一般来

说，音乐、美术类的才艺班，对幼儿的发展少有害处，除非美术才艺班会让两三岁的孩子使用到剪刀。爸妈较需注意的是运动类才艺的选择，以时下最红的直排轮为例，最好五岁后再接触，因为直排轮中“内压”的技巧，反而会对孩子的足弓发展造成伤害。

二、适性

为避免选了不适合孩子的才艺，可将孩子的气质纳入考虑。每个孩子都有与生俱来的，对外在环境刺激的反应模式，称为“气质”。例如，活动量高的孩子，适合溜冰、跳舞等动态才艺；规律性或坚持度高的孩子，比较愿意下苦功，对于拼图、堆积木等需要耐心的才艺，接受度就高一些。

父母应接纳孩子的气质差异，依其个性特质，选择最适合的学习项目及环境。否则，不但会增加孩子无形的压力，也容易让自己陷入患得患失的情绪中。

MEMO

5

特别篇：父母角色定位

COGNITION

1

新手父母，爱的学习

文 陈珮雯

咨询 台湾师范大学人类发展与家庭学系副教授林如萍、台湾友缘基金会执行长廖清碧、台湾新竹教育大学幼儿教育学系教授刘慈惠、台湾辅仁大学儿童与家庭学系副教授涂妙如

孩子出生了！面对一个新的生命，新手父母发现自己的生活再也与以往不同，该如何养孩子、教孩子、爱孩子？专家建议，先想想“我是什么样的父母？想教出什么样的小孩？”让育儿的压力成为一场难忘的“爱的学习”。

“现代爸妈养小孩都好用力！”一位准妈妈小王的观察，让她还没见到宝宝，就已经有当个好妈妈的压力。预产期还没到，现在她只要一打开找保姆的网页，就有罪恶感，“我怎么可以这么狠心，把这么小的宝宝丢给陌生人照顾。”

“别的妈妈都可以，我一定也能做到！”才刚坐完月子的小许，面对哭个不停的宝宝，在微博上公开地自我激励，并搜寻着如何让宝宝停止哭泣的教养方法。

年底才要结婚的小张，已经计划着婚后生两个小孩，如果老婆不愿请产假，“我愿意在家当奶爸。”

“现代父母的角色吃重”，亲子教育专家杨俐容在《情绪教养，从家庭开始》一书中提到，教养信息的爆炸，及社会气氛的影响，让现代父母重视孩子的教养，却也给自己带来

莫大的压力，即使身心疲惫，仍要演个他人眼中的好父母。但是，怎么当爸妈，没有标准答案！坊间的教养书观念纷杂，有一派认为育儿要以父母为中心，按父母的节奏调整宝宝的生活作息，不用太在意宝宝哭泣时的需要，喂奶要定时定量，拥抱也不需时时给予。有一方却说，宝宝需要成人响应他的需求，抱再多都嫌不够。到底谁说得对？

上一辈的爸妈被批评太强权，爱的教育又被诟病太放纵，教养专家的说法莫衷一是，“现代父母得做个会思考的爸妈。”幼儿教育学系教授刘慈惠说。社会变化太快，信息过于纷乱，当爸妈面临教养困境，先不要想“孩子出了什么问题？”而是从自己身上找答案，倾听内心的自己。

新手父母先问自己三个问题。

关键思考一：我是谁？

孩子人格的形塑，受到父母的年纪、健康、家庭经济条件、手足人数四个因素影响。在这些因素交互影响下，发展出今天的人格特质，有一天当了爸妈，这四个因素也会交互影响着你的宝宝将成为什么样的人。

面临教养困境时，可试着检视自己和原生家庭的关系及童年的成长经验。有些爸妈印刻在心底的童年成长经验很美好，育儿过程会不自觉地复制自己童年的美好经验，把童年所感受到的满满的爱也传递给自己的孩子。

有些父母的童年经验有不愉快的回忆，有了孩子后，并不想复制原生父母的教养模式，此时可能出现两种教养行为：一是矫枉过正，例如小时候物质过于匮乏，当自己有了小孩，便在物质上过度满足孩子。二是无意识地重复原生父母的教养模式，但打心底又排斥在这样教养模式下所展现的自己，于是出现了教养的矛盾。例如自己求学过程中，成绩一直不如父母预期，当了爸妈后，虽然告诉自己，孩子的成绩不是最重要的，但看到不理想的成绩单，还是忍不住对孩子发了脾气，要孩子用功些。

爸妈只有清楚知道自己是什么样的人、面对问题时，会用什么样的态度思考、如何看待自己的成长经验、有什么样的能力、又有哪些生命的包袱，才能接着思考，有了孩子后，该如何重新定义自己与这个社会的关系。

关键思考二：重新定位自己

教养是亲子相互影响的过程，以往谈亲子教育，焦点多半放在“如何教”？以父母为中心，希望种瓜得瓜、种豆得豆。但现在的亲子教育内涵，是讲互动，重点在爸妈观察到孩子什么样的特质、对教养结果的期待是什么，理清了这两个前提，再来谈教养的方法。实行教养的同时，孩子会给予回馈，不论正向或负向的回应，爸妈也从这个回馈中修正教养的态度及方式，从过程中获得如何当爸妈的学习。

而且，现今父母的角色扮演，不只从亲子间的互动习得，亲族、父母的社会网络（朋友、同事、网络社群等）都会影响亲子教育的角色行为与教养的结果。这意味着一不小心，旁人很容易就会左右你的教养态度及方法。

这时，爸妈必须重新定义自己和这个世界的关系，在“他人对你的期待”、“自己对自己的期待”之间做出权衡，找到“自己可以做些什么”的答案。界定了自己在教养关系中的位置后，接下来才能思考、确立自己的教养价值观。

关键思考三：我想教出什么样的小孩？

每个爸妈都期待孩子拥有“成功”的人生，但“成功”的定义是什么？该用什么方法帮助孩子迈向成功？不论是希望孩子快乐，还是希望孩子赚大钱，这是新手父母该做的教养价值观选择。至于教养的过程，以儿童发展角度来看，不要过于偏重智育等单一领域的教育，协助孩子“全人”发展，是父母该把持的重点。

怎么做个称职的现代父母？现代父母到底怎么当，专家提出两个思维：

一、没有完美的父母，只有够好的父母

“即使孩子已上了初中，我每天还是在想，在教育上，我哪里做太多？哪里做得不够？”小李说出了许多妈妈们的心情。

高压力、高焦虑的时代，多数父母觉得自己做得不够好，并为无法胜任亲子教育而深感自责与愧疚。

杨俐容在《情绪教养，从家庭开始》一书中提醒，英国心理分析大师温尼考特（D. W. Winnicott）的临床经验发现，不完美的父母并不会对孩子造成任何伤害，只要符合以下原则，就是够好的父母：

对自己坦承：理清给予孩子的规范，是自己的需要还是孩子的需求。并且，不以孩子作为满足自己需求的工具。

及时察觉并处理自己的负面情绪：教养过程难免出现冲突、愤怒等负面情绪，父母要了解情绪的必然性，并察觉自己疲倦、烦燥的情绪已经来袭，适时找人接手，或暂时离开教养情境、冷静下来，以免对孩子大动肝火。

充分表达爱意：心理学家研究发现，在合理范围内，不论管得紧一点或管得松一点，只要孩子能够感受到父母的爱，多半能养出负责成熟的孩子。

独立自主：不以孩子的表现来界定自己的价值。

重视沟通：不让孩子因为与父母不同而背负违逆父母的罪恶感。

承认人的不完美：宽恕自己及孩子所犯的错误。

二、先当父母，再做朋友

受西方开放式教养观的洗礼，为亲近孩子，国内一些父母也有着扬弃过往强权教育，和孩子当朋友的想法。但是，这里要提醒爸妈，孩子需要你在他行为失当时，引领他走向正当的道路。先当好父母，才能和孩子当朋友。

父母的权力该如何拿捏？在孩子面前建立“权威”，而非以“强权”对待孩子。两者的差异在于，权威是一种引导孩子的能力，强权则是借着身为父母的力量，让孩子害怕。

父母的权威必须建立在“带着爱的管教”基础上。研究显示，教养孩童的历程中，同时需要父母的温暖与控制；研究也证实，高度温暖、高度控制的“民主权威型”父母，对孩子的合理需求有合理响应，同时也会根据孩子的发展阶段，对孩子有合理的要求，并提供明确的期待及规则。如此，才能培养出有正向社会人格及成就的孩子。

教养的终极目标是“品格”教育。而带着爱的管教，是现代父母必须要有的“基本职能”，是品格教育的重要基石，帮助孩子得以从他律发展到自律，形成正确的价值观与道德主张。

有孩子的生活该怎么过？

孩子的出生有可能打乱个人的生涯规划，也会为家庭带来压力，亲子教育路上要走得顺利，新手父母先采取两个行动：

行动一：生命优先级重新排定

宝宝出生后，原本的生活作息一定会大乱，不能好好睡觉、好好吃饭，原本爱好的休闲娱乐都得暂时割舍。宝宝生病，又恰好碰到老板与客户同时来催进度，原本一切掌握得很好的工作节奏，全被一个小人儿给打乱了。

这时，爸妈需要重新思考生命与生活的优先级。这里提供新手父母两个决策方向，一是哪件事情与孩子的幸福快乐及发展相关，就先做。例如，家事的分配，原本每天都会擦地、煮晚饭，但有了孩子，必须取舍家事工作，晚餐是凝聚家庭关系的重要时光，地板一尘不染却无关亲子关系的建立。煮晚饭就成为了众多家事工作中的优先选择。

二是现在不做，未来就没机会做的先做。宝宝一岁生日抓周和重要会议撞期，该出席哪一场？孩子一岁生日只有一天，错过了不会重来，而会议没有参与，之后可以有许多补救方法。

行动二：努力做一对恩爱的夫妻

夫妻才是家庭的核心，有了孩子，只是家庭的扩大，丈夫与妻子的角色并不会消失。在家庭中，婚姻关系和谐，家庭关系才会稳定，夫妻恩爱，可以给予孩子安定、有把握的感觉。当孩子观察到爸妈常有亲密的肢体语言、感情的分享流露，孩子很自然便会感受到其中的安全与温暖。因此，在养育孩子的过程中，稳固牢靠的婚姻关系是提供孩子安全成长的温床。

但是，孩子也是婚姻中最大的压力点之一，从小孩出生到十八岁离家就学，为了孩子，夫妻有吵不完的架：教养的歧见、婆媳孙复杂的三角关系、育儿及家事的分工……

该如何在婚姻里守护爱情，这里提供四个方法：

一、常常彼此提醒：夫妻关系是家庭中的首要关系，让孩子知道，爸妈彼此相爱，它的重要性远超过你为孩子所做的一切。把婚姻关系视为首要，让孩子成为家庭中受欢迎的一员，而非家庭的中心。

二、下班后实行十五分钟“沙发时间”：为了促进夫妻彼此对孩子的了解，也让孩子看到父母之间的爱、产生安全感，就要趁孩子醒着时这么做，夫妻俩空下一段彼此期待的时光，分享彼此之间的需要。

三、每周和另一半约会一次：如果以前每周都安排约会，有了孩子之后，还是尽可能这么做。虽然约会的质量不如以前，时间也不足，然而就是因为孩子的加入，为了调整与适应生活作息，更需要有约会的时间，孩子可以请家人或临时保姆代为照顾。

四、持续表达爱意：孩子出生前，如果夫妻俩有些共同爱好或一起进行的特别活动，把它重新安排进时间表中，不要因为孩子到来，就停止了夫妻间特有表达爱的方式。

成为父母，是一个人生命中最大的转折处，亲子教育虽带给夫妻莫大的压力，无尽的喜悦却也伴随而来。孩子的出生，让每个新手父母可以同时领略这世界上三种极致的爱：当你看到孩子的笑容，一切的苦都是值得的，即父母对子女无私的爱；当孩子需要你的拥抱与陪伴，你拥有了子女对父母依恋的爱；当夫妻共同经历新生命的来到、彼此分担与分享育儿的甘苦，一起协助新生命的成长，你拥有了夫妻之爱。

育儿的压力只是个过程，终会过去，但孩子为家庭带来的“爱的学习”，却会是新手父母最好的生命养分。

COGNITION

2

打造“三赢”的育儿方式

文 王美恩

随着生活水平的日益提高，“二胎”政策的不断放开，许多父母跃跃欲试，一心向往着回归家庭、陪伴孩子成长。然而在全职父母尚未成为主流的社会氛围中，如何做好事前准备与调适，让全职育儿呈现三赢，更是不容忽视的关键问题。“给孩子及家庭更多的时间”、“看着孩子一点一滴长大”是多数妈妈选择暂离职场，回归家庭的初衷与美意，这些想法很容易让人感性地做下决定。但这跟婚姻一样，结婚后绝不是“从此过着幸福快乐的日子”，而是要面对许多实际的真实感受与困难。在做出暂歇或放弃工作的决定之前，许多的心理调适要先有准备，以降低生活转变后的冲击。

维持三赢的决心是基本态度

相信在三五年内，选择当全职父母的人，在现今社会，特别是都市里，仍是“非主流”的族群。这意味着你跟别人不同，多数人会觉得你是为孩子及家庭“牺牲”自己的成就，这样的社会气氛会让你如何看待自己？如何定位自己？家庭主妇/夫、全职父/母是比较低阶的社会角色吗？

牺牲的感觉是比较出来的，跟主流价值观相较而来，然而这只是另一种生活方式的选择，无关好坏，只有适合与否。如果你将自己定位在“牺牲”的角色，未来面对挫折时，很容易出现委屈或不平的怨怼情绪，进而影响夫妻互动，或是在无形中期待孩子回报。

在做抉择前，应该仔细评估自己的合适度，让全职育儿呈现“三赢”的局面，对孩子、对自己、对家庭三方面都是有益的。照顾孩子与家庭的同时，也要学习照顾好自己，全职父母很容易变成二十四小时“应召”的状态，而忽略了在家“上班”也应该有休息的机会。常听到全职父母开玩笑的说：“终于能体会儿虐父母的心情，有时压力紧绷到会情绪失控！”其实全职父母抒压、“下班”的需求，都要刻意安排，虽然蜡烛已无两头烧，但是一头烧太久、太快，也会殆尽。

五大指标，自我评估适合度

有了维持“三赢”的心态，接着就要思考几种心理感受上的转变，这些也是评估成为全职父母适合度的指标：

一、环境单纯化：从上班的场合进入到相对单纯的家庭环境，白天大多只有孩子和自己，虽能享受宁静的时刻，但也会有失落的感受。出现失落感是正常反应，必须接受它，因为失落来自于被需求感减少，只剩下孩子与家务为主，不像以往职场角色拥有多元的被需求感。

二、生活步调缓和：工作情境中总是讲求效率、讲求产能的快节奏，孩子、家庭生活则是比较缓和的步调。在使命转变后必须调整“快即是好”的价值观，开始学会欣赏宝宝慢慢长大、学会生活美学，不疾不徐地看待自己和宝宝的变化，一起在“慢活”中成长，否则会很容易觉得自己留在家中是浪费生命。

三、成就感来源的转变：从拥有工作成就感的职场，进入一个以尿布、哺乳、娃娃语、家务为主的世界，自我的价值感会重新建构，容易有低成就感的感受。此时需要回溯一开始的“初衷”是什么？想想孩子、家庭因为你而有的转变是什么？找到新的成就来源。

四、经济自主感的减少：曾经在经济上独立自主的人，一旦收入减少，花钱态度难免比以前来得拘束。有些家庭甚至会出现赚钱回家者握有主控权，导致夫妻双方权力不对等的状况。留在家中的人分担较多的亲子教育与家务，绝对不能视为“理所当然”的职责，更不能将家庭主夫、妇定位为“无给的”生产，而是应该给予更多的肯定与经济权上的尊重。

五、“完美”父母的压力：全职父母不等于完美父母，也不等于要培育出“优秀杰出”的孩子，这都会带来心理压力，容易适得其反，影响新角色该有的表现。理清“陪伴”孩子的真谛，是给孩子更多的安全感与自信心，让孩子在这稳固的基础上，去发展他原有的潜能；并且在足够的时间下，仔细观察孩子的需求，给予适当刺激，孩子的无限潜能自然会被激发出来。

全职父母必备七大生活原则

调整好心理上的转变，也能坦然去面对与接受会出现的心理转折，表示你适合选择进入成为全职父母的生活。接着，就要在生活中做一些努力，实现“三赢”的情境。让自己不与社会脉动脱轨。不论是在家上网或阅读，可多去了解原本自己专业领域、产业的最新状况，作为日后复职的准备。同时借由接触多元丰富的信息，让自己在较平静缓和的环境中，寻求心灵层次的成长，与另一半或朋友的对话不再只是环绕在“妈妈经”。

让自己有“喘息”的机会。全职父母与另一半协调亲子教育、家务的分工，仍然有必要。在拥有足够休息的状态中，情绪自然会平稳，不仅孩子能感染到你的愉悦气质，获得高层次的安全感，也有助于提升夫妻的感情质量。

寻求盟友的支持。找出小区里以全职妈妈为对象的支持性团体，或是网络上的网友社群。借由经验交流，可得到更多有益的信息，在情感层面上也能有相互支持的功能，使自己在非主流的生活中拥有“盟友”，不再感到孤单。主动学习育儿的专业知识。现代父母面对育儿工作时，已经比较无法像早期社会，由大家庭中的长辈传授经验，很多时候要靠自己摸索。不过，许多育儿知识与经验可以上网查询或透过阅读得知，父母应该秉持学习的心态，面对育儿的“专业”。

孩子刚出生时，大多是生理上的照顾需求，家长需要了解相关的医疗常识。渐渐的，孩子心理发展的需求增加，就应该多留意予以正确的教养。善用公共资源。孩子大到可从事户外活动时，不妨多运用小区里的相关公共资源，例如图书馆、儿童游戏场所、儿童学习博物馆、邻近的自然区域等。带孩子到户外的安全区域进行探索，可同时调剂你和孩子的心情，对孩子的身心发展也有正向刺激。夫妻关系仍要用心经营。除了投入以孩子为主的生活，也要经营夫妻之间的互动。每周空出一些时间独处，不要因为孩子的出生而渐渐失去往日的亲密感、分享心情的习惯。

让自己随时“充电”。全职的父母生涯绝对不比上班生涯来得轻松，甚至更耗心力，琐碎的家务也容易让自己烦躁。所以必须找出调适心境的方法，不论是兴趣、信仰、运动或艺术，让自己得以“充电”，保有能量与平静的情绪，面对孩子与家庭生活。

迎接新母职时代

母职（mothering）是指养育孩子的职责，虽称为母职，但不代表一定是由母亲担任。随着现代双薪家庭的形成，照顾孩子的职责从亲友扩及到保姆、托儿所等资源，现在又回到父母想为孩子的成长尽更多心力，认知到陪伴孩子成长的重要性，想亲自扛起母职的责任。这是一个“甜蜜”的念头，在经济无虞的状态下，有一段这样的人生经历是很特别的。只要在周全的考虑与充分的准备下，全职的母亲或（更需要勇气的）父亲，都能拥有三赢的育儿生活！

SUBJOIN

6

宝宝的成长记录

27个关键第一次记录表

1 第一次喝母奶：天然的，上好

时间：________________

地点：________________

写下父母的心情：

2 第一次换配方奶：换奶前，先让他熟悉奶瓶

时间：________________

地点：________________

写下父母的心情：

3 第一次吃辅食：高过敏食物也能少量尝试

时间：____________________

地点：____________________

写下父母的心情：

5 第一次洗澡：享受和宝宝的肌肤之亲

时间：____________________

地点：____________________

写下父母的心情：

4 第一次自己吃饭：从“玩”食物开始

时间：____________________

地点：____________________

写下父母的心情：

6 第一次一觉到天亮：五种方法帮宝宝一夜好眠

时间：____________________

地点：____________________

写下父母的心情：

7 第一次自己睡：先分床再分房

时间：______________________

地点：______________________

写下父母的心情：

9 第一次长牙：乳牙蛀掉无所谓吗?

时间：______________________

地点：______________________

写下父母的心情：

8 第一次翻身/自己坐：帮助宝宝迈向立体世界

时间：______________________

地点：______________________

写下父母的心情：

10 第一次抬头/用手撑起自己：准备床边玩具，刺激发展

时间：______________________

地点：______________________

写下父母的心情：

11 第一次爬/站/走路：多溜滑梯，走得好

时间：________________

地点：________________

写下父母的心情：

12 第一次戒尿布/尿床：别惩罚孩子的身不由己

时间：________________

地点：________________

写下父母的心情：

13 第一次运动：用小成本打造好脑力

时间：________________

地点：________________

写下父母的心情：

第一次________________

时间：________________

地点：________________

写下父母的心情：

14 第一次被拥抱：抱得够才被爱得足

时间：________________

地点：________________

写下父母的心情：

16 第一次哭不停："哇哇"背后想要更多关心

时间：________________

地点：________________

写下父母的心情：

15 第一次笑：陪伴、抚慰、对话打开笑容

时间：________________

地点：________________

写下父母的心情：

17 第一次害怕：给他时间熟悉自己的恐惧

时间：________________

地点：________________

写下父母的心情：

18 第一次害羞：退缩的孩子不是没礼貌

时间：________________________

地点：________________________

写下父母的心情：

19 第一次发脾气：小恶魔其实只想宣示主权

时间：________________________

地点：________________________

写下父母的心情：

20 第一次分离焦虑：稳定的爱能融化不安

时间：________________________

地点：________________________

写下父母的心情：

第一次________________________

时间：________________________

地点：________________________

写下父母的心情：

21 第一次说话：不要教孩子说“宝宝语”

时间：________________

地点：________________

写下父母的心情：

22 第一次玩游戏：允许孩子自由探索

时间：________________

地点：________________

写下父母的心情：

23 第一次出去玩：不要急，等他一下

时间：________________

地点：________________

写下父母的心情：

24 第一次交朋友：家庭是第一个人际关系的舞台

时间：________________

地点：________________

写下父母的心情：

25 第一次上学：入学时机两关键——心理情绪和免疫力

时间：____________________

地点：____________________

写下父母的心情：

26 第一次听故事：宝宝才是阅读的主角

时间：____________________

地点：____________________

写下父母的心情：

27 第一次学才艺：快乐的心情是关键

时间：____________________

地点：____________________

写下父母的心情：

第一次____________________

时间：____________________

地点：____________________

写下父母的心情：

婴幼儿发展里程碑

1~12个月的发展

年龄	粗动作	精细动作
1个月	· 俯卧时头稍微可以抬起	· 会反射性抓住放入手中的物品
2个月	· 俯卧时头可以抬起45°	· 眼睛随物体可转动90° 以上
3个月	· 俯卧时头可以抬起90°	· 双手可移动在胸前接触
4个月	· 协助坐起时头可以固定 · 侧躺	· 可将手抓住的物品送入嘴巴
5个月	· 拉小孩坐起他会稍用力配合，头不会后仰	· 两手可以各抓紧小物品
6个月	· 完全会翻身 · 坐着用双手可支撑30秒	· 手会去玩弄系在玩具上的线 · 会敲打玩具
7个月	· 肚子触地式爬行 · 抱起会在大人腿上乱跳	· 坐着时手会各拿一块积木 · 将积木从一手移到另一手
8个月	· 坐得很好 · 双膝爬行	· 手像耙子一样抓东西
9个月	· 看到陌生人会哭 · 扶着东西可维持站的姿势 · 可前进后退爬行	· 看到陌生人会哭 · 以拇指合并四指钳物 · 以食指触碰或推东西
10个月	· 扶东西边缘会移步 · 站着时会想办法坐下	· 拍手 · 双手各拿一块积木相互敲打
11个月	· 独自站10秒 · 拉着一手可以走	· 会把小东西放入杯子或容器中
12个月	· 单独走几步 · 蹲着可以站起来	· 以拇指和食指尖拿东西

资料来源：台北市立妇幼医院儿童心智科

语言	人际社会关系
· 听到声音会转头	· 注意别人的脸
· 发出各种无意义的声音	· 逗他会微笑
· 发出啊、呜等学语声 · 笑出声音	· 会自动对人笑
· 偶尔模仿大人的声调	· 会注意其他孩子的存在
· 会因高兴而尖叫	
· 开始出现韵母a/i/u	· 自己会拿饼干吃
· 正确转向音源	· 会设法取较远处的玩具
· 发出ba/ma/da等声 · 注意听熟悉的声音	· 会玩躲猫猫
· 会随着大人的手或眼神注视某样东西	· 看到陌生人会哭
· 模仿大人说话声 · 对叫自己名字有反应	· 会抓住汤匙 · 可拉下头上的帽子
· 会挥手表示拜拜 · 知道别人的名字	· 以手指出要去的地方或东西
· 有意义地叫爸爸、妈妈 · 以摇头、点头表示要或不要	· 不流口水 · 会和其他小孩一起玩

注：以上是大概发展里程碑，有的会有1～2个月的差距，尤其语言及人际社会关系会因教导的关系相差更大。

婴幼儿发展里程碑

1~3岁

年龄	粗动作	精细动作
12~14个月	·可维持跪姿 ·会侧行数步 ·走得很稳，会转身	·一只手同时拣起两个小东西 ·可重叠两块积木 ·可将瓶中物倒出
14~16个月	·可独自地趴着而手扶地站立 ·随音乐而做简单跳舞动作 ·扶栏杆爬三层楼梯	·会打开盒盖 ·自动拿笔乱涂 ·已固定较喜欢用哪边的手
16~19个月	·自己坐上婴儿椅 ·扶着可单脚站立 ·一脚站立另一脚踢大球	·可叠3块积木 ·模仿画直线 ·可认出圆形，并放在模型板上
19~21个月	·能弯腰捡东西不跌倒 ·手心朝上抛球 ·由蹲姿不扶物体站起	·模仿折纸动作 ·会上玩具发条 ·模仿画直线或圆形线条
21~24个月	·自己单独上下椅子 ·原地双脚离地跳跃 ·脚着地的方式带动小三轮车	·球丢给他，他会去捕捉 ·可一页一页翻厚书 ·叠高6 ~ 7个积木
24~27个月	·跑步并可避开障碍物 ·可倒退走3 ~ 4米 ·不扶物，单脚站1秒以上	·模仿画横线w ·可依样用3块积木排成直线 ·可一页一页翻薄书
27~31个月	·双脚较远距离跳跃、向前翻跟斗 ·单脚可跳跃2次以上	·叠高8块积木 ·会用打蛋器 ·玩黏土时．会给自己的作品命名
31~36个月	·一脚一阶上下楼梯 ·单脚可平衡站立 ·会骑小三轮车 ·会过肩投球	·模仿画圆形 ·用小剪刀，不一定剪得好

资料来源：台北市立妇幼医院儿童心智科

语言表达	语言理解	社会性	身边处理
·模仿未听过的声音 ·会用一些单字	·知道大部分物品的名称 ·熟悉且位置固定的东西不见了会找	·坚持要自己吃东西 ·模仿成人简单动作，如打人、抱哄洋娃娃	·会脱袜子尝试自己穿鞋（不一定能穿好）
·会说10个单字 ·会说一些两个字的名词	·在要求下，会指出熟悉的东西 ·会遵从简单的指示	·睡觉时要抱心爱的玩具或衣物 ·出去散步时，能注意路上的各种东西	·自己拿杯子喝水 ·自己用汤匙进食（会洒出）
·会哼哼唱唱 ·至少会用10个字	·了解一般动作如“亲亲”、“抱抱”	·被欺侮时会设法抵抗或还手 ·有能力主动拒绝别人的命令	·会表示尿片湿了或大便了 ·午睡不尿床
·会说谢谢 ·会用语言要求别人做什么	·回答一般问话，如那个是什么 ·了解动词＋名词的句子，如“丢球”	·对其他孩子会表示同情或安慰	·会区分东西可不可以吃 ·会打开糖果包装
·会重复句子的最后一两个字 ·会讲50个词汇	·知道玩伴的名字 ·认得出电视上常见的物体	·帮忙做一些简单家事 ·会咒骂玩伴、玩具……	·脱下未扣扣子的外套 ·会用语言或姿势表示要尿尿或大便
·懂得简单的数量（多、少）、所有权（谁的）、地点（里面、上面）的观念 ·稍微有一点“过去”的观念	·了解“上、下、里面、旁边”……位置观念 ·知道在什么场合通常都做什么事	·会去帮助别人 ·会和其他孩子合作，做一件事或造一个东西	·在帮忙下会用肥皂洗手并擦干
·会问“谁……哪里……做什么……”的句子 ·会用“这个、那个”等冠词	·知道“明天”意味着不是“现在” ·会回答“谁在做什么”的问句	·对幼小的孩子会保护 ·会告状	·白天可控制大、小便 ·会拉下裤子，准备大、小便
·会正确使用“我们、你们、他们” ·会用“什么、怎么会、如果、因为、但是”	·会回答有关位置、所有权及数量的问话 ·会接熟悉的语句或故事	·会找借口以逃避责罚 ·自己能去邻居小朋友家玩	·自行大小便 ·能解开一个或一个以上的钮扣

注：以上图表为1~3岁儿童的大略发展过程，提供给父母做参考。仅有几个月的差距，未必表示发展迟缓，其中语言、社会性及身边处理等项目，和教导与否有很大关系。

3~6岁

年龄	粗动作	精细动作
3岁~3岁6个月	·走路两手交互摆动 ·可绕障碍物跑过去 ·丢球可丢3米远 ·想办法用手臂接球 ·单脚站立5秒	·会盖、开小罐子 ·可完成菱形图的连连看 ·模仿画十字形
3岁6个月~4岁	·可接住反弹球 ·以脚趾接脚跟向前走直线 ·原地单脚跳	·自己画十字形 ·模仿画×形
4岁~4岁6个月	·以单脚向前跳 ·向上攀、爬垂直的阶梯 ·过肩丢球4米 ·单脚站立10秒	·照着样子写自己名字、简单的字 ·25秒中可将10个小珠子放入瓶中 ·用剪刀剪直线 ·跟着折纸痕折纸
4岁6个月~5岁	·单脚连续向前跳2～3米 ·骑三轮车绕障碍物 ·双脚跳在5秒内可跳7～8次	·会写自己的名字 ·会画图但还不太好 ·会用绳打结、系鞋带 ·会扣及解扣子 ·能画身体的3个部分
5岁~5岁6个月	·脚尖平衡站10秒 ·用双手接住反弹的乒乓球 ·主动且有技巧地攀爬、滑、溜、摇摆	·自己会写一些字 ·20秒中可将10个珠子放入瓶中 ·会写1～5的数字 ·会画三角形
5岁6个月~6岁	·有顺序、有韵律地两脚交换跳跃，如跳绳 ·跑得很好 ·可以用手接住丢来的小球（15厘米大） ·用脚趾接脚跟倒退走直线	·以拇指触碰其他四指 ·将鞋子、鞋带穿好 ·能画身体的6个部分

资料来源：台北市立妇幼医院儿童心智科

语言表达	语言理解	社会性	身边处理
·会用否定命令句，如不要做…… ·会用“这是……”来表达 ·会用“什么时候……”的问句	·了解“大、小、上、下、前、后、里、外” ·能回答“这是谁的”、“为什么”等问题	·会道歉，当做错事会说“对不起” ·已有一个要好同伴 ·会给小朋友一些暗示	·从小壶倒水喝，不会泼得到处都是 ·自己脱衣服 ·晚上不会尿床
·可解释简单图画 ·图画词汇至少可说出14种或以上	·能回答“有多少”、“多久”的问题 ·了解昨天、今天	·会与其他小孩在游戏中比赛 ·能自己过斑马线或过街	·会穿长统鞋子 ·自己洗脸、刷牙（但洗得还不好）
·正确使用“为什么” ·为引起别人注意会用夸张的语调及简单语句 ·至少能唱完一首完整的儿歌 ·会用“和××”、“靠近××”、“在××旁边”	·了解“多远” ·会区分相同或不同的形状	·在没人照管下在家附近溜达 ·会在游戏中称赞或批评别的小朋友的行为	·穿鞋不会弄错脚 ·自己上厕所（包括清洁及穿裤子） ·自己洗脸洗得很好
·会用“一个××” ·会说出相反词两种 ·会由1数到10或以上	·懂得“多加一点”及“减少一点” ·会在要求下指出一系列东西中第几个是哪一个	·会同情、安慰同伴（用语言） ·和同伴计划将要玩什么	·会穿袜子 ·扣衬衫、裤子、外套的扣子 ·晚上睡醒会自己上厕所
·可说出物体的用途，如“帽子是戴在头上” ·会说6个单字意思 ·会说出3种物体的成分	·会区分“最接近、最远、整个、一半” ·依要求能正确找出1～10的数字	·在游戏中有些性别区分 ·会选择要好的朋友 ·游戏中会遵守公平及规则	·自己换上睡衣或脱下衣服 ·能将食物组合在一起，如三明治
·能很流利地表达 ·可经由点数而区分两堆东西是不是一样多	·了解“以前”、“以后” ·区分左、右 ·能认得一些注音符号及汉字	·会玩简单桌上游戏，如扑克牌 ·和同伴分享秘密（不告诉大人）	·会用刀子切东西 ·自己会梳或刷头发 ·自己系鞋带

注：以上图表为3～6岁儿童的大略发展过程，提供给父母做参考。仅有几个月的差距，未必表示发展迟缓，其中语言、社会性及身边处理等项目，和教导与否有很大关系。

作者群简介

● 依姓氏笔划排列列

教养专家群

王美恩 现任台湾东吴大学社工系兼任讲师与《亲子天下》顾问

曾任：台湾儿童福利联盟副执行长、知识长十余年

专长：拥有二十多年的社会福利工作经验，着有《终结霸凌：洞察孩子内心世界，打破霸凌的恶循环》、《爱，无国界：台湾孩子·荷兰父母的收养故事》（以上均由亲子天下出版）。

周育如 现任台湾新竹教育大学幼儿教育学系副教授

学历：台湾师范大学人类发展与家庭学系博士

专长：幼儿心智理论、社会情绪发展、读写发展、亲子共读、亲子言谈分析

幸曼玲 现任台湾台北市立大学幼儿教育系副教授

学历：美国俄亥俄州立大学心理学博士

专长：儿童认知与学习、教学心理学（阅读心理学）各国幼教与政策措施

《亲子天下》编辑部作者群

李宜蓁 《亲子天下》资深撰述

李岳霞 《亲子天下》特约研究员

陈念怡 《亲子天下》特约撰述

陈珮雯 《亲子天下宝宝季刊》主编

张瀞文 《亲子天下》副主编

《亲子天下》协力作者群

台湾友缘基金会教师群　参与本书撰写者包括执行长廖清碧、副执行长黄伦芬、临床部主任林淑棻、专任老师杨淑芬、专任老师詹纯玲。成立三十年的友缘基金会教师群，拥有丰富的亲子咨商经验，透过个案辅导、成长团体或工作坊、电话咨询、发行家庭月刊、举办寒暑假营队等方式，传递具体且务实的亲子教育知识。

钟碧芳　曾任台湾消基会消费者报导杂志主编、Vita纤活志主编、妈妈宝宝及BoBo小天才采访编辑，着有《婴幼儿聪明食谱东问西答》、《好瘦，外食族减肥吃法大公开》。

郑怡华　资深媒体工作者，先后担任《文茜世界周报资深记者》、凤凰卫视特约制作人，及《天下杂志400期特刊纪录片》的企编。女儿出生后，加入自由撰稿人的行列，把亲子教养当成最重要的功课。

插画

今今（JINjin）。本名：陈怡今

毕于台湾师范大学设计研究所。现为专职插画工作者 。

喜欢用画画来呈现生命各种小确幸的样貌，愿看到自己画的人可感受到生命里的一些不同，或者被触动什么。

图书在版编目(CIP)数据

孩子成长不可错过的关键第一次 / 陈珮雯等著；陈怡今绘. -- 武汉：长江少年儿童出版社，2015.11
ISBN 978-7-5560-2132-1

Ⅰ.①孩… Ⅱ.①陈… ②陈… Ⅲ.①婴幼儿－早期教育 Ⅳ.①G61

中国版本图书馆CIP数据核字(2015)第033398号
著作权合同登记号：图字17-2014-333

孩子成长不可错过的关键第一次
陈珮雯、李宜蓁、张静文等《亲子天下》编辑部 / 著
陈怡今 / 绘
责任编辑 / 傅一新　佟 一
装帧设计 / 张 青　美术编辑 / 胡金娥
出版发行 / 长江少年儿童出版社
经销 / 全国新华书店
印刷 / 江西华奥印务有限责任公司
开本 / 889×1194　1 / 24　8.5印张
版次 / 2015年11月第1版第1次印刷
书号 / ISBN 978-7-5560-2132-1
定价 / 36.00元

策划 / 海豚传媒股份有限公司
网址 / www.dolphinmedia.cn　邮箱 / dolphinmedia@vip.163.com
咨询热线 / 027-87398305　销售热线 / 027-87396822
海豚传媒常年法律顾问 / 湖北珞珈律师事务所 王清 027-68754966-227